교회 안 나가는 그리스도인

IVP(InterVarsity Press)는
캠퍼스와 세상 속의 하나님 나라 운동을 지향하는
IVF(InterVarsity Christian Fellowship)의 출판부로서
생각하는 그리스도인을 위한 문서 운동을 실천합니다.

# 교회 안 나가는 그리스도인
가나안 성도를 어떻게 이해할 것인가?

정재영

## 차례

머리말     7

### 1부 가나안 성도란 누구인가

1. 가나안 성도의 등장     15
2. 교회를 떠나는 이들     37
3. 강요받는 신앙     61
4. 소통의 단절     77
5. 신앙과 삶의 불일치     93
6. 나름대로의 신앙 방식     107
7. 가나안 성도들의 교회     123

### 2부 가나안 성도 현상에 대한 이해

8. 탈현대와 소속 없는 신앙     143
9. 세속화와 가나안 성도     163
10. 공동체와 조직     183

맺는말     201

부록 1 설문 조사 문항     213
부록 2 심층 면접 문항     221

한국 교회가 위기를 맞이했다. 이는 비단 기독교인만이 아니라 대한민국 사람이면 삼척동자도 다 아는, 검증조차 필요 없는 자명한 사실이다. 한국 교회 위기론이 어제오늘의 일은 아니지만, 1990년대 말부터 부쩍 입에 오르내리다 2005년에 실시한 '인구주택 총조사' 이후로 극에 달한 느낌이다. 종교 인구 조사는 10년마다 실시하는데, 2005년 조사를 통해 개신교 인구가 처음 감소세로 돌아섰으며, 성도 수는 교계에서 흔히 말하던 1천만에 훨씬 못 미치는 860만여 명인 것으로 밝혀졌다. 개신교 인구의 감소는 전도 받아 교회로 들어오는 사람보다 교회를 빠져나가는 사람이 더 많다는 의미여서 분명 위기의 징후라고 할 수 있다. 더욱이 우려되는 점은 우리나라 3대 종교 가운데 유독 개신교만 감소세로 돌아섰다는 것이다. 괄목할 만한 성장을 이룬 가톨릭과는 극명하게 대조를 이루면서 이러한 위기감은 더욱 고조되었다.

그런데 한 가지 흥미로운 사실은, 종교 단체로서의 교회는 떠났지만 여전히 기독교 신앙을 유지하는 사람이 꽤 많다는 것이다. 다니던 교회가 마음에 들지 않아서 새로운 교회를 찾는 사람이 있는가 하면, 좋은 교회를 찾아다니다가 포기하고 홀로 예배를 드리는 사람도 있다. 또는 교회에 출석하지 않으면서 주중에 일종의 신우회처럼 모이는 사람도 있다. 이들을 일컬어 '가나안 성도'라고 한다. 가나안을 거꾸로 말하면 '안 나가'라는 점에서 유래한 용어인데, 이 말을 내게 처음 가르쳐 준 사람은 일상생활사역연구소의 소장인 지성근 목사였다.

얼마 후 바른교회 아카데미의 연구위원 세미나에서 당시 협동 총무였던 양희송 대표(청어람 ARMC)는 내게 '가나안 성도'에 대한 조사 연구를 제안했다. 목회사회학연구소 부소장으로 활동하던 나는 2005년 인구조사 결과를 바탕으로 개신교에서 가톨릭으로 개종한 사람에 대하여 심층 면접 조사를 한 적이 있다. 그 결과가 바로『그들은 왜 가톨릭 교회로 갔을까』 (박영신, 오경환, 조성돈, 정재영, 이승훈 공저, 예영, 2007년)다. 책을 출간한 이후 타 종교로 개종한 사람뿐만 아니라 그냥 교회를 떠난 사람에 대해서도 연구하면 좋겠다는 반응을 많이 접했다. 종교 사회학의 관점에서도 그것은 매우 흥미로운 주제였기 때문에 나는 흔쾌히 연구에 응했다. 가나안 성도에 대하여 깊은 관심을 표명하던 양희송 대표 역시 최근 가나안 성도와 관련된 책을 출판했다.

2010년 바른교회 아카데미 창립 기념행사에서 나는 가나안 성도 18명을 심층 면접하고 연구한 결과를 조성돈 교수와 함께 발표했다. 나는 "가나안 성도, 그들은 누구인가"라는 제목으로, 조 교수는 "가나안 성도'로 나타난 한국 교회의 종교성과 나아갈 방향"이라는 제목으로 발표했고, 그 내용을 정리하여「크리스채너티투데이」(CT)에 2013년 1월부터 6회에 걸쳐 연재했다. 그리고 가나안 성도들이 많이 찾아가는 교회로 알려진 나들목 교회 김형국 목사와의 대담 내용을「크리스채너티투데이」 7월호에 실었다.

그 후 한국연구재단의 후원으로 "세속화의 한 측면으로서 '소속 없는 신앙인'에 대한 연구"라는 제목의 후속 연구를 진행했다. 나는 가나안 성도를 세속화의 한 측면으로 보았다. 그것은 그들의 탈제도화 경향이 종교의 쇠퇴로 이어지는 '세속화'라는 주제와 무관하지 않아 보였기 때문이다. 실제로 우리보다 먼저 기독교가 발전했던 유럽에서는 이와 비슷한 연구들이 여럿 있다. 자세한 내용은 이 책의 9장을 참고하기 바란다. 이 연구의 결과로 두 개의 논문을 발표했는데, 하나는 "소속 없는 신앙의 특징"(『현상과인식』, 2013년 겨울호)이고, 다른 하나는 연구 과제 제목과 같은 "세속화의 한 측면으로서 '소속 없는 신앙인'에 대한 연구"(『신학과실천』, 2014년 5월호)이다. 이 논문에 나온 내용은 주제에 맞게 다듬어져서 이 책의 여러 부분에서 다루고 있다.

이 책은 가나안 성도 현상을 종교 사회학의 관점에서 분석한 연구서다. 여기서 종교 사회학이라는 학문을 자세하게 소개하기는 어렵지만, 종교 사회학은 말 그대로 종교와 사회의 관계를 연구하는 학문이다. 그러나 우리가 종교 사회학에 접근할 때 염두에 두어야 할 중요한 사실이 하나 있다. 이 학문은 사회과학의 하위 영역으로 종교를 사회학의 관점에서 이해하고자 하기 때문에 신학적인 관점과는 접근이 매우 다르다. 다시 말하면 개인의 신앙이나 신념과 같은 주관적인 기준이 아니라 보다 객관적인 기준에 따라 과학적인 연구 방법을 활용하여 종교를 이해한다. 따라서 평생 동안 교회를 다닌 기독교인인 나 역시 연구 과정에서는 엄정하게 객관성을 유지하려 하고, 가치 판단을 배제한 채 가나안 성도 현상과 관련된 그대로의 사실을 독자들에게 전달하고자 노력하였다.

최근에 출간된 양희송 대표의 책은 다양한 논의를 촉발시켰다. 그 논의 가운데 하나는 교회론과 관련이 있다. 그는 구원은 교회 안에만 있는 것인가, 하나님은 교회를 통해서만 역사하시는가, 기존 교회의 틀을 넘어서는 새로운 교회를 구성할 수 있는가, 더욱 근본적으로 교회는 과연 무엇인가 등등의 질문에 대한 답을 찾고자 했다. 이러한 물음들은 매우 중요하기는 하지만 이 책에서 추구하는 바는 아니다. 이것은 다분히 신학적인 주제들이고 나의 전문 영역은 이와는 다르다. 마찬가지로, 가나안 성도에 대한 신학적이거나 목회적 평가 역시 이 책의 목적을 넘어서는 일이다.

종교 사회학은 '당위'가 아니라 '실재'에 대해 연구하는 학문이다. 그런 점에서 이 책의 목적은 가나안 성도 현상 자체를 최대한 그대로 드러내고 그 배경과 한국 교회에서 차지하는 의미를 밝히는 것이다. 책의 여러 부분에 가나안 성도들에 대한 내 나름대로의 생각과 대안이 될 만한 것들을 덧붙여 두었으나 이것은 어디까지나 연구자 개인의 견해일 뿐, 이것이 가나안 성도에 대한 유일한 견해나 대안이 될 수는 없다. 이들에 대한 평가는 독자들을 포함한 모든 기독교인들의 몫으로 남겨 둔다. 이 책을 통해 가나안 성도에 대해 보다 깊고 치열한 논의가 전개되기를 기대한다.

이 책의 1장에서는 가나안 성도의 출현과 연구 방법에 대해서 다루었고, 2장에서는 가나안 성도가 교회를 떠나는 과정에 대한 분석과 관련 통계 자료들을 제시했다. 3-6장에서는 가나안 성도의 신앙적 문법을 네 가지 특징으로 나누어 정리했다. 7장에서는 소위 '가나안 성도들의 교회'에 대하여 탐방 조사한 내용을 정리했다. 8-10장은 가나안 성도 현상에 대한 종교 사회학적 분석으로서, 8장에서는 탈현대성과 관련하여, 9장에서는 세속화와 관련하여 그리고 10장에서는 탈제도화와 관련된 가나안 성도 현상을 다루었다.

이러한 종교 사회학적 분석을 통해서 가나안 성도를 겉으로 드러난 현상보다 깊은 차원에서 이해할 수 있다. 가나안 성도 현상은 오늘날 우리 사회에서만 갑자기 등장한 것이 아니다. 그것은 과거에도 있었고 다른 사회에서도 존재하는 현상이다. 따라서 이러한 비교 연구를 통하여 가나안 성도 현상의 실체에 보다 가까이 접근할 수 있다. 맺는말에서는 공동체의 측면에서 가나안 성도 현상을 정리하고 마무리하였다. 이 글의 예화에 등장하는 이름은 모두 가명으로 그리고 가나안 성도들의 교회는 가, 나, 안 교회로 처리했다.

2013년 4월에 목회사회학연구소 주관으로 실시한 "갈 길 잃은 현대인의 영성: 소속 없는 신앙인의 모습"이라는 주제의 세미나 이후, 교계 안팎에서 다양한 반응이 나왔다. 그러나 인터넷으로 접한 실제 반응에 나는 적잖이 당황했다. 당시에 여러 교회 주보나 홈페이지의 '목회 칼럼' 등에서는 가나안 성도를 부정적으로 묘사하기 일쑤였다. 기껏해야 '집 나간 탕자'나 문제아로 간주하면서 목회를 방해하는 사람쯤으로 여긴 것이다. 가나안 성도를 품기보다는 경계하는 분위기였다.

그러나 나는 가나안 성도들을 인터뷰하면서 그들의 생각과 문제의식에 많이 공감하였고, 그들의 내면의 상처와 어려움에 연민의 정을 느끼기도 했다. 어쩌면 나 스스로도 가나안 성도가 될 수도 있었다는 생각도 여러 번 들었다. 그렇다고 그들을 지나치게 동정의 대상으로 여길 필요는 없다. 그들 중 일부는 상처와 좌절을 딛고 새로운 신앙 운동을 모색하기도 한다. 이러한 시도가 어떤 결과를 낳을지는 예측할 수 없지만, 한국 교회의 위기 상황을 극복하고 교회다움을 회복하려는 노력의 일환이라고 확신한다.

이 책을 읽으면서 마음이 불편한 사람도 있을 것이다. 한국 교회의 치부를 드러내는 것이 거북할 수도 있다. 그러나 치부는 덮는다고 해서 없어지는 것이 아니다. 우리의 문제를 정확하게 알고 바로 그 지점에서부터 변화를 일으켜야 문제가 해결될 수 있다.

대학 시절 '기독 지성'을 꿈꾸며 몸담았던 IVF의 출판부에서 이 책을 출간하게 되어 매우 기쁘고 감사하다. 어려운 여건에서도 이 책의 출판을 흔쾌히 결정해 준 IVP 신현기 대표와 여러모로 애써 준 노종문 편집장을 비롯한 편집부 직원들에게 진심으로 감사한다.

2015년 10월

정재영

# 1부
## 가나안 성도란 누구인가

# 1 가나안 성도의 등장

**가나안 성도의 출현**

20대 경순 씨는 모태 신앙인으로 독실한 기독교 집안에서 자랐지만, 가정의 신앙 교육이 오히려 신앙생활에 부정적 영향을 끼친 경우다. 어렸을 때부터 신앙을 강요받았기 때문이다. 경순 씨가 대학 입시에 합격하자, 그녀의 어머니는 다짜고짜 단기 선교를 가라고 요구했다. 경순 씨와는 상의도 하지 않고, 그녀가 대학에 합격하면 외국으로 단기 선교를 보내겠다고 서원 기도를 했다는 것이다. 그 이후로 경순 씨는 이런 가정환경에서 독립하고 싶다는 생각을 자주 했다.

그러다 결정적인 계기가 찾아왔다. 몇 년 전 미국산 소고기 수입 반대 촛불 집회에 대한 목사의 설교를 들은 그녀는 드디어 결단을 내리게 되었다.

저는 촛불 집회에 적극적으로 참여했는데, 제가 참석하던 교회 목사는 부정 일변도였죠. "거짓 선지자들에게 현혹되지 말라." "촛불 집회는 거짓 예언이다. 거짓 영이다. 거기 쫓아다니면 안 된다.'' "스스로 분쟁을 일으키는 자들은 망할 것이다." 다 그런 식이었어요. 그 길로 아무 말 없이 교회를 떠났어요.

그 당시는 촛불 집회에 대한 교계의 입장도 찬반으로 극명하게 갈려 심각한 갈등을 빚고 있던 시기였다. 한미 FTA 문제도 마찬가지였다. 어느 쪽이 성경적이라고 단언하기 어려운 상황인데도, 교회 지도자들은 자신의 입장을 하나님의 뜻인 양 '선포'하는 경우가 적지 않았다. 성도들은 신앙의 이름으로 목사의 견해를 강요받는 셈이었다.

교회를 떠나서 혼자 신앙생활을 하는 기독교인들이 최근 많이 늘었다. 이들은 이른바 '가나안 성도'로, '가나안'을 거꾸로 읽으면 '안 나가'가 된다. '가나안'은 가나안 땅을 향해 떠난 이스라엘 백성처럼 새로운 교회, 또는 이상적인 교회를 찾아다니는 사람들을 일컫는 말이다. 또는 의도적으로 '기성' 교회를 거부하며 교회를 떠난 사람들을 가리키기도 한다. 누가 가장 먼저 이 말을 사용했는지는 명확하지 않다. 10여 년 전부터 썼다는 사람도 있고, 20년 전 신학교 시절부터 이 말을 들었다는 사람도 있다. 어떤 신학생에게 어느 교회에 나가느냐고 물으니, 안 나간다고 말하기 민망해서 "나, 가나안 성도야"라고 돌려 말했다는 것이다.

한 목회자는 자신이 신학교에 다니던 1970년대 중반에 가나안 농군학교를 설립한 김용기 장로가 채플에 와서 했던 말을 들려주었다. 어느 날 학교 앞에 간 김 장로는 누군가 학교 팻말을 발로 걷어차며 "뭐? 안 나간다고?" 하면서 화를 내고 있는 모습을 보았다. 그래서 그 사람에게 왜 그렇게 화를 내느냐고 물었다. 그는 비포장도로에 자동차 바퀴가 빠져서 움직이지 못하는데 '안 나가'라고 쓰여 있는 팻말이 마치 자기를 놀리는 것처럼 보여서 화가 났다고 대답했다. 학교 이름인 '가나안'을 거꾸로 읽은 것이다. 김 장로는 이 예화를 들어 당시에 이와 같이 교회에 안 나가는 기독교인이 늘고 있다는 메시지를 전했다.

흥미로운 사실은 이보다 앞선 1970년대 초에 함석헌 선생 역시 가나안을 언급한 적이 있다는 것이다. 「씨알의 소리」 1971년 8월호에 보면, "한국 기독교는 무엇을 하려는가"라는 글에 다음과 같은 내용이 나온다.

한국 가톨릭 2백 년, 개신교 백 년 역사에 한 가지 환한 사실은 올 때는 밑층 사회로 불쌍한 민중의 종교였던 기독교가 지금은 중류 계급의 종교가 돼 버렸다는 것이다. 중류에는 중류의식(中流意識)이 있다. 언젠지 모르게 현상 유지를 원하는 기풍이 교회 안을 채워 버렸고, 그러니 가나안의 소망이 '안 나가'의 현상 유지로 타락해 버렸다. 이상하게도 '가나안'이 거꾸러지면 '안 나가'가 되지 않나? 오늘 한국 교회의 특징을 말한다면 '안 나가'는 부대다. 그들은 사회악과 겨루는 역사의 싸움에서 뒤를 빼고 금송아지 앞에서 절을 하고 둘러앉아 노래 부르고 춤추는 것을 예배한다. 그러니 하나님의 발가락인 아래층 사회가 교회에서 빠져나간 것은 당연한 일이다. 빠져나간 것이 아니라 내쫓긴 것이다.

"민중의 종교였던 기독교가 중류 계급의 종교가 돼 버렸다"며 '교회 제도화' 문제를 탄식하는 대목에서, 함석헌 선생은 45년 전에 이미 '가나안'을 거꾸로 읽는 선구자적 면모를 보였다.

'가나안 성도'는 "기독교인으로서의 정체성은 있지만 현재 교회에 출석하지 않으면서 개인적으로 신앙생활을 하는 기독교인"이라고 정의할 수 있다. 단순히 특정 교회를 떠난 사람이나 기독교 신앙 자체를 떠난 사람은 가나안 성도가 아니다. 흔히 가나안 성도를 '선데이 크리스천'이나 '나이롱 신자'처럼 기독교인으로서의 정체성도 약하고 교회에도 정착하지 못한 명목적 기독교인으로 폄하하기 쉽다. 그러나 조사 결과에 의하면, 가나안 성도들 대부분은 한두 교회에 10년 이상 정착해서 다니던 사람들이었으며, 절반가량은 구원의 확신도 있던 진지한 기독교인이었다. 따라서 가나안 성도에 대한 잘못된 선입견을 접고 편견 없이 가나안 성도 현상을 바라볼 필요가 있다. 일부에서는 성경에서의 '가나안'과 '가나안 성도'라는 명칭은 같은 의미로 해석할 수 없다는 사실을 지적한다. 하지만 이 글에서는 일종의 종교적 현상으로 통용되는 '가나안 성도'를 그대로 사용하기로 한다.

현재 가나안 성도의 수가 얼마나 되는지 정확히 추정하기는 어렵다. 정확한 통계도 없다. 교계에서 집계한 개신교인의 수는 1,190만 명이지만 2005년 인구주택 총조사에서 집계한 바에 따르면 862만 명이다. 일각에서는 그 사이에 발생하는 큰 차이에 착안하여, 잃어버린 혹은 소실된 300만여 명의 개신교인을 지칭하는 말로 '가나안 성도' 혹은 '300만 성도'라는 말을 사용한다. 그러나 이는 논리적으로 맞지 않다. 인구주택 총조사는 자기 확인 방법을 사용하기 때문이다. 그것은 현재 교회에 적을 두고 있는지, 또는 출석하고 있는지 여부와 상관없이 스스로를 개신교인이라고 응답한 사람을 모두 포함해서 집계한다는 말이다. 따라서 이 862만 명 외에 300여만 명의 개신교인이 더 있다고 볼 수는 없다.

갤럽 조사 결과에 의하면, 개신교를 믿다가 신앙을 떠난 사람이 560만

명 정도다. 우리 사회에서 교회를 떠난 사람들의 수가 엄청나다는 것을 알 수 있다.[1] 그러나 이렇게 교회를 떠난 사람들 중에 어느 정도가 기독교 신앙을 유지하고 있는 가나안 성도인지는 파악할 수 없다. 이 연구에서 수행한 설문 조사에서는 전체 조사 대상자 중에서 교회에 출석하지 않는 기독교인은 26퍼센트로 파악되었다. 그러나 고학력자가 많이 표집되는 온라인 조사의 특성을 고려하면, 실제 가나안 성도의 수는 이보다 적다고 보는 것이 적절하다. 고학력자일수록 기존 교회에 대한 문제의식이 클 것이기 때문이다.

이와 관련하여 10.5퍼센트가 교회에 출석하지 않는 것으로 나타난 '한국 기독교 목회자 협의회'(이하 '한목협'으로 줄임)의 조사 결과에 주목할 필요가 있다.[2] 이 수치는 '한국 교회 미래를 준비하는 모임'에서 2004년과 2008년에 조사한 결과와도 유사하다. 이 수치를 2005년 인구주택 총조사에서 파악한 개신교 인구 862만 명에 대입해 보면 86만 명이 교회에 출석하지 않는다는 의미다. 그런데 한 달에 한 번 이하로 교회에 출석하는 사람들 중에도 가나안 성도가 상당수 포함되어 있다고 가정한다면, 가나안 성도의 규모를 대략 100만 명으로 추정하는 것이 설득력이 있을 것이다.

앞으로 자세하게 논의하겠지만, 교회에 출석하지 않은 채 개인적으로 신앙생활을 하는 기독교인이 이렇게 많다는 사실은 여러 가지를 시사한다. 한편으로는 한국 교회에 큰 문제가 있음을, 다른 한편으로는 기독교

---

1  이에 대하여는 이원규, 『한국 교회의 위기와 희망』(kmc, 2010), p. 135를 보라.
2  한국 기독교 목회자 협의회, 『한국 기독교 분석 리포트: 2013 한국인의 종교생활과 의식조사 보고서』(도서출판 URD, 2013), p. 81.

인의 신앙 유형, 나아가서 현대인의 종교성 자체가 변하고 있음을 암시한다. 따라서 이에 대한 심도 있는 연구가 필요하다. 이 책도 그러한 연구의 일환이다.

이 책에서는 가나안 성도 현상을 종교 사회학의 방법으로 접근할 것이다. 이 현상이 기독교 내부의 현상으로 보이긴 하지만 종교 사회학의 관점에서 보면 보다 객관적으로 이해할 수가 있다. 일반적인 사회조사에서는 어느 한 가지 방법에 의존하기보다는 가급적 다양한 방법을 동원하려고 한다. 그렇게 함으로써 실체에 더욱 가까이 접근할 수 있기 때문이다. 이 책에서는 사회조사에서 흔히 사용하는 설문 조사와 면접 조사, 참여 관찰 방법을 동원하여 다차원적 접근을 시도할 것이다.

　설문 조사는 많은 표본을 통해서 모집단의 전체적 특징을 파악하는 데 유리하다. 조사 자료가 수치화되기 때문에 연구 자료를 축적하고 비교할 때 매우 유용하다. 가령, "우리나라 기독교인들 중에 19.2퍼센트는 자살 충동을 느낀 적이 있고, 그중 14.5퍼센트는 실제로 자살 계획을 세운 적이 있다"는 식의 통계치는 어떤 결론을 도출하는 데 매우 매력적이다.[3] 마찬가지로 "기독교인들 중에 가나안 성도가 100만 명에 달한다"는 설문 결과 역시 본 연구에 결정적 도움이 된다. 그러나 설문 조사 방법은 정해진 질문의 선택지에서만 답을 고르기 때문에 인위적일 뿐만 아니라, 응답자의 실제 생각을 파악하기 어렵다는 단점이 있다.

---

[3] 이에 대하여는 정재영, "자살에 대한 개신교인의 인식과 교회의 책임", 「신학과실천」, 제16호 (2008년 9월)를 보라.

이러한 통계조사의 한계를 극복하기 위해 주로 사용하는 방법이 면접 조사 방법이다. 면접 조사는 당사자에게 직접 묻고 이야기를 듣는다는 점에서 가장 원초적인 조사 방법이다. 특히 심층 면접은 단답형 질문에서 그치지 않고 추가 질문을 통한 캐묻기가 가능하므로, 내면의 깊은 이야기를 들을 수 있다는 장점이 있다. "자녀 교육에서 가장 신경 쓰는 것은 무엇입니까?"라는 질문에 "인성 교육"이라고 답한 대부분의 학부모들에게 "인성 교육을 위해 구체적으로 무엇을 하십니까?"라고 물으면 쉽게 답을 하지 못한다. 그러나 "자녀들에게 어떤 사교육을 하십니까?"라고 물으면, 대부분의 학부모들이 30분 가까이 구체적인 내용을 털어놓는다. 가나안 성도에 대한 연구도 마찬가지다. 교회 안에서 오랫동안 고민하다 가나안 성도가 된 과정과 문제의식을 있는 그대로 듣는 것은 매우 중요하다.

또한 연구 대상자들의 활동에 직접 참여하여 관찰함으로써 실상을 파악하는 것도 중요하다. 참여 관찰법은 사회적 상호작용이 자연스럽게 이루어지는 현장에서 관심 있는 행위와 과정 등을 보고 듣고 기록하면서 자료를 축적하는 방법이다. 이 책에서는 가나안 성도들이 모이는 교회들을 직접 방문하여 참여 관찰을 했다.

이와 같이 이 연구에서는 일반적으로 사회조사 연구에서 사용하는 세 가지 방법을 다차원적으로 사용하여 가나안 성도의 실체에 보다 가까이 접근하고자 노력하였다. 연구 자료의 신뢰성을 위해 구체적인 조사 방법과 과정을 좀더 자세하게 소개할 것이다. 사회과학 전공자가 아니거나 이 부분에 관심이 없는 독자라면 다음 부분은 건너뛰어도 무방하다.

설문 조사는 여론조사 전문 기관인 '글로벌 리서치'에 의뢰하여 2013년

2월 4일부터 2월 13일까지 10일에 걸쳐 온라인 조사로 진행되었다. 온라인 조사를 택한 이유는 소속 없는 신앙인의 전체 규모와 모집단이 정확하게 파악되지 않은 상황에서 대면 조사를 실시하는 것이 사실상 불가능하기 때문이다. 일대일 개별 면접 조사의 한계를 보완할 수 있기에 온라인 조사는 최근 들어 각광받고 있다. 실제로, 현재 국내에서 온라인 조사 비중은 급격히 증가하는 추세다. 현재 전체 정량 조사 방법론 중 26퍼센트로 가장 높은 비중을 차지하고 있으며, 향후에도 비중이 지속적으로 상승할 것으로 예상된다. 유럽과 일본의 경우, 온라인 조사 비중이 전체 조사 시장의 40퍼센트를 상회하는 것으로 알려졌다.

또한 개별 면접 조사의 경우, 응답자의 면접 거부가 매우 심하다. 조사의 발생률(incidence rate)이 낮으면 조사 자체가 어렵지만 익명성이 보장되는 온라인 조사는 상대적으로 접근이 용이하다. 게다가 전화 조사의 한계도 보완할 수 있다. 전화 조사의 최대 단점인 문항 수의 제약(대개 10-15개 문항만 조사할 수 있음)과 시간 제약을 보완할 수 있다. 특히 설문을 프로그래밍하여 응답자가 직접 입력하는 방식으로 진행되는 온라인 조사는 다른 방법에 비해 원자료가 훼손되거나 왜곡될 가능성이 거의 없다는 장점이 있다.

온라인 조사를 진행할 때는 먼저 조사 설계 및 설문 내용 확정, 온라인 조사 URL 구축이 이루어져야 한다. 그리고 조사 대상과 조건이 유사한 패널의 표본을 100배수가량 추출하여 설문 초청 메일을 발송한다. 조사를 희망하는 패널이 이메일에서 배너를 클릭하면 즉시 참여할 수 있도록 링크를 연결한다. 단 선별 문항을 통과한 패널들만 참여할 수 있게 만든다. 이번 조사에서는 기독교인 패널을 무작위로 추출하여 설문 초청

메일을 발송한 후에 예배 출석 여부를 질문하여 '소속 없는 신앙인'을 선별하였다. 예배에 참석하지 않는다고 답한 기독교인들을 대상으로 이후의 설문을 진행하였다.

설문 문항은 시기에 따라 크게 세 부분으로 구성되었는데, 먼저 교회를 떠나기 전의 상태에 대한 질문들로, 교회 출석 기간, 교회 활동 참여 정도, 직분 여부, 구원의 확신 여부 등을 물었다. 다음은 교회 이탈 과정에 대한 질문들로 교회 이탈 시점, 교회 이탈 후 경과 기간, 교회를 떠난 이유, 교회를 떠나기 전 고민 기간과 상담 대상 등을 물었다. 마지막으로 현재 상태와 관련하여 구원의 확신 여부, 교회 출석에 대한 생각, 교회 출석 시 희망하는 교회 그리고 여러 가지 교회와 신앙에 대한 견해들에 대한 질문들로 구성하였다. 설문 조사에 사용한 문항은 이 책의 부록 1에 제시했다.

〈표 1〉 설문 문항 구성

| | |
|---|---|
| 교회 이탈 전 상태 | • 교회 출석 기간<br>• 교회 활동 참여 정도<br>• 구원의 확신 여부 |
| 교회 이탈 과정 | • 교회 이탈 시점<br>• 교회 이탈 후 경과 기간<br>• 교회를 떠난 이유<br>• 교회를 떠나기 전 교회 상태<br>• 교회 떠나기 전 고민 기간 |
| 현재 상태 | • 현재 구원의 확신 여부<br>• 현재 교회 출석에 대한 생각<br>• 교회 출석 시 희망하는 교회<br>• 참석하는 신앙 모임<br>• 교회와 신앙에 대한 견해 |

심층 면접은 앞에서도 간단하게 설명한 것처럼, 수량화하여 표현하기 어려운 사회 현상의 여러 측면을 확인하는 데 적합하다. 사회 구성원들의 인식과 경험을 공유할 수 있고, 이를 통해 그들의 행위에 내재되어 있는 의미와 행위의 동기 및 결과를 분석할 수 있다. 이 연구에서는 심층 면접법 중에서도 '반구조화된 면접 방법'을 사용하였다. 일련의 질문들을 미리 준비하여 응답자가 그 가운데서 대답하도록 하는 '구조화된 면접 방법'은 사실상 설문 조사와 같다. 다만 조사자와 조사 대상자가 대면하여 조사가 이루어진다는 점에서 면접 방법의 하나로 볼 수 있다.

이와 달리 '구조화되지 않은 면접 방법'은 일반 주제만 정하고 별도의 문항이 없다. 응답자가 별 제약 없이 자신의 생각이나 느낌을 솔직히 털어놓도록 유도할 수 있기 때문에 심층 면접에 주로 사용되고 있다. 그러나 이 방법은 자칫 지나치게 산만하게 진행될 우려가 있다. 그래서 이 연구에서는 일반 주제에 세분화된 개별 주제로 접근하는 '반구조화된 면접 방법'을 사용했다.

면접 조사는 두 번에 걸쳐서 진행되었다. 첫 번째는 머리말에 썼듯이 바른교회 아카데미의 주관으로 이루어진 조사 연구에서, 나를 포함한 두 명의 연구자가 2010년 6월 1일부터 10월 17일까지 약 5개월간 18명을 심층 면접하였다. 그리고 이때 모임을 갖고 있는 '가나안 성도들의 교회' 세 곳을 탐방하여 이들의 모임에 참여하여 관찰하였고, 집담회를 통해 참여자들의 이야기를 들었다. 그리고 두 번째 연구는 개인 연구로 지원한 한국연구재단의 연구 과제로 진행되었는데, 2011년 7월 8일부터 2012년 7월 21일까지 약 1년간 20명을 추가로 심층 면접하여 총 38명을 조사하였다.

질문 내용은 다음과 같다. 먼저 신앙생활에 대한 배경 자료를 얻기 위해 신앙 내력을 물었다. 중점적으로 물은 내용은 주로 교회를 떠나게 된 이유와 과정 그리고 현재 상태에 대한 것이었다. 그리고 추가로 기독교 신앙과 교회에 대한 견해를 물어보았다. 심층 면접 조사에서 사용한 문항은 책 뒤의 부록 2에 제시했다. 면접 내용은 모두 녹음하여 자료로 보관하였고, A4로 300쪽 분량의 녹취록을 따로 작성하였다. 면접 대상자의 선정은 연구 대상자가 많지 않고, 소재지를 파악하기 어려워 주변 사람들을 통해서 소개를 받고 이들을 통해 다시 면접 대상자를 소개받는 식으로 진행되었다.

면접 대상자의 인구학적 특성을 요약해 보겠다. 성별은 남성 23명, 여성 15명이었다. 나이는 20대 8명, 30대 8명, 40대 17명, 50대 4명, 60대 1명이었다. 그리고 이들 중에 기독교 가정에서 출생하여 기독교 신앙을 가진 이른바 모태 신앙인은 18명이었다.

**가나안 성도의 기본 특성**

설문 조사 응답자의 성비는 남성 50.4퍼센트 대 여성 49.6퍼센트로 비슷했다. 연령대도 20대 19.4퍼센트, 30대 23.2퍼센트, 40대 25.2퍼센트, 50대 19.1퍼센트, 60대 이상 13.1퍼센트로 온라인 조사인 점을 감안하면 비교적 균형 있게 표집되었다. 지역적으로는 서울이 46.6퍼센트로 다소 높게 표집되었다. 안수 집사 이상의 직분자 11.6퍼센트, 서리 집사 15.1퍼센트로 전체 응답자의 26.7퍼센트가 직분을 받은 경험이 있었다.

<표 2> 응답자 특성

| | | 결과 | |
|---|---|---|---|
| | | 사례 수 | 퍼센트 |
| 전체 | | 316 | 100.0 |
| 성별 | 남성 | 159 | 50.4 |
| | 여성 | 157 | 49.6 |
| 연령 | 20대 | 61 | 19.4 |
| | 30대 | 73 | 23.2 |
| | 40대 | 80 | 25.2 |
| | 50대 | 60 | 19.1 |
| | 60대 이상 | 41 | 13.1 |
| 최종 학력 | 고졸 이하 | 56 | 17.8 |
| | 대졸 | 219 | 69.2 |
| | 대학원졸 이상 | 41 | 13.0 |
| 직업 | 자영업 | 27 | 8.4 |
| | 블루칼라 | 30 | 9.4 |
| | 화이트칼라 | 181 | 57.3 |
| | 가정주부 | 39 | 12.3 |
| | 학생 | 15 | 4.8 |
| | 무직/기타 | 25 | 7.9 |
| 교회 출석 시 직분 | 안수 집사 이상 | 37 | 11.6 |
| | 서리 집사 | 48 | 15.1 |
| | 직분 없었음 | 232 | 73.3 |
| 거주 지역 | 서울 | 147 | 46.6 |
| | 경기도 | 76 | 24.1 |
| | 전라도 | 30 | 9.6 |
| | 경상도 | 38 | 12.1 |
| | 충청도/기타 | 24 | 7.7 |

교회 출석 기간은 10-14년이 21.9퍼센트로 가장 많았고, 다음으로 5-9년이 21.3퍼센트로 엇비슷했다. 25년 이상도 20.3퍼센트에 달했다. 전체 평균은 14.2년으로 비교적 교회 출석 기간이 긴 편이었다. 남성이 여

성에 비해 교회 출석 기간이 2.4년 길었다. 처음 교회에 출석한 시기는 초등학교 이전이 24.0퍼센트로 가장 많았고, 다음으로 초등학교 때 22.7퍼센트, 중학교 때 11.7퍼센트, 고등학교 때 10.9퍼센트 등의 순이었다. 대개 어렸을 때부터 교회에 다니기 시작했고, 중학교 이전이 전체의 50퍼센트 이상을 차지했다.

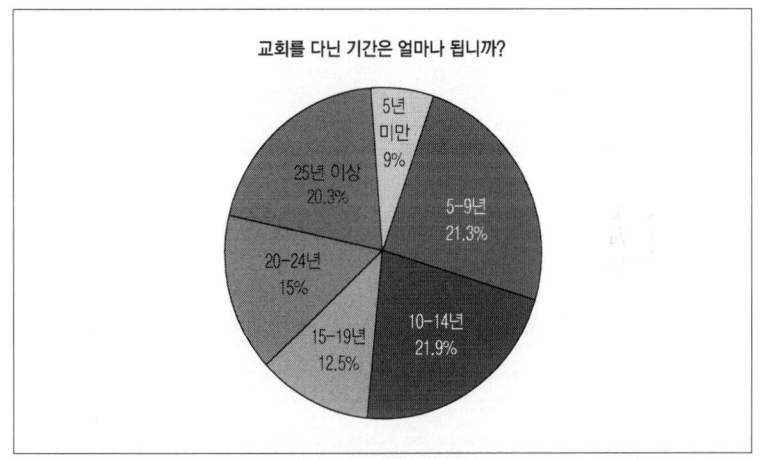

〈그림 1〉 교회 출석 기간

기독교인으로서의 정체성을 확인하기 위해 교회를 떠나기 전에 구원의 확신이 있었는지도 물었는데, 48.1퍼센트가 "분명히 있었다"고 응답하였다. 현재 교회에 출석하지 않는 사람만을 대상으로 한 조사에서 나온 이 수치는 그리 낮은 비율이 아니다. 개신교인들을 대상으로 한 '한목협'의 조사에서 63.2퍼센트가 "그리스도를 영접했다"고 응답한 결과와 비교해 보면,[4] 더 명확해진다. 나이별로는 대학생 시절인 20대에 구원의 확신을 가지게 되었다는 응답이 20.9퍼센트로 가장 많았고, 다음으로 중학교 때 18.6퍼센트, 고등학교 때 16.7퍼센트, 30대 때 15.5퍼센트 등의 순이었다.

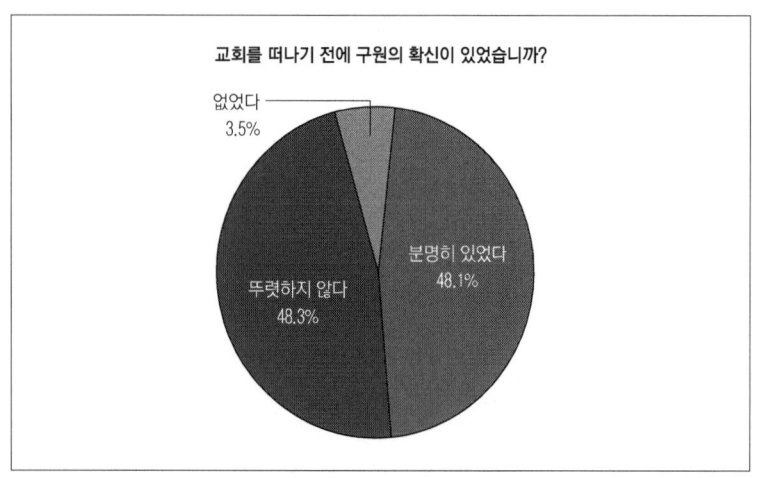

〈그림 2〉 교회 이탈 전 구원의 확신 여부

교회를 떠나기 전에 교회를 옮긴 경험에 대하여는, "옮긴 적이 없다"는 응답이 45.7퍼센트로 가장 많았고, 다음으로 "한 번 옮겼다"가 25.0퍼센트, "두세 번 옮겼다"가 23.2퍼센트, "여러 교회를 옮겨 다녔다"는 6.1퍼센트였다. 전체 응답자의 70.7퍼센트는 교회를 한 번 옮겼거나 옮긴 적이 없었다. '한목협'의 질문 방식과 달라 직접 비교할 수는 없다고 하더라도 기독교인들이 평균 2.7개 교회를 옮겨 다닌 '한목협'의 결과와 비교해 보면, 이들의 교회 이동 경험은 매우 낮은 수준이다.[5] 따라서 본래 교회를

4  한국 기독교 목회자 협의회, 같은 책, p. 49.

자주 옮겨 다니던 이른바 '교회 쇼핑족'들이 교회를 떠난 것이 아니라 대부분 한두 교회에 정착했던 사람들이 교회를 떠난 것임을 알 수 있다.

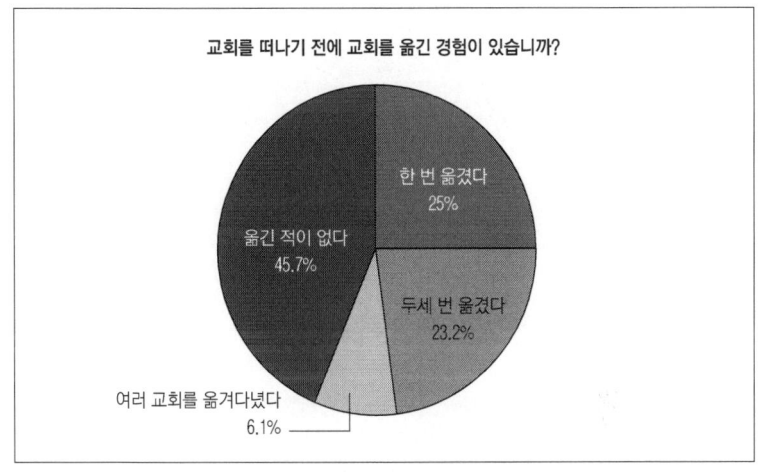

〈그림 3〉 교회 이탈 전 교회를 옮긴 경험

그리고 교회 활동에 참여한 정도는, "어느 정도 참여했다"는 응답이 53.4퍼센트로 가장 많았고, "매우 적극적으로 참여했다"는 응답도 36.9퍼센트로 높게 나와 긍정적 참여 비율이 무려 90.3퍼센트에 이르렀다. "별로 참여하지 않았다"와 "최소한으로 참여했다"는 응답은 9.7퍼센트에 불과했다. 나이별로는 40대 이전과 고학력일수록 상대적으로 높은 참여율을 보였다.

---

5  같은 책, p. 75.

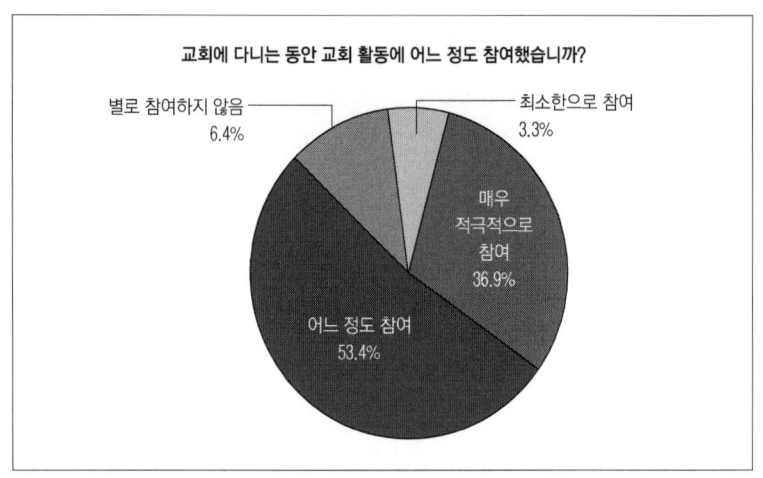

〈그림 4〉 교회 이탈 전 교회 활동 참여 정도

 

이상의 결과를 종합해 보면, 가나안 성도의 과거 평균 교회 출석 기간은 14.2년이고, 대부분 한두 교회에 정착하여 신앙생활을 유지했던 전력이 있다. 더구나 90퍼센트 이상이 교회 활동에 참여한 경험이 있으며, 절반 가까이는 구원의 확신도 있었던 사람들이다. 따라서 이들을 기독교인으로서의 정체성도 없이 형식적으로 교회 생활을 한 이른바 '명목적 기독교인'이라고 생각하거나, 한 교회에 정착하지 못하고 이 교회 저 교회 옮겨 다니는 '떠돌이 크리스천'으로 예단하는 것은 위험하다.

어쨌든 이러한 가나안 성도가 100만 명에 이른다는 사실 자체만으로도 한국 교회에는 큰 부담이다. 나름대로 착실하게 신앙생활을 하던 이들 중에 상당수가 교회를 떠났다는 것은 한국 교회에 큰 문제가 있음을 암시하기 때문이다. 원인 파악에 앞서 가나안 성도를 유형별로 분류해 보면 가나안 성도 현상을 이해하는 데 도움이 될 것이다.

**가나안 성도의 유형**

앞에서도 언급했듯이, 가나안 성도는 기독교 신앙을 가지고 있고 스스로 기독교인으로서의 정체성도 유지하고 있지만 교회에는 출석하지 않는 사람들이다. 따라서 단순히 교회를 찾아다니느라 한 교회에 정착하지 않은 사람들은 가나안 성도에 포함되지 않는다. 또한 교회를 떠나 있다가 결국 기독교 신앙을 잃어버린 경우도 가나안 성도에 포함되지 않는다. 이 경우는 기독교인으로 볼 수 없기 때문이다.

따라서 가나안 성도에 대한 연구를 진행하면서 최소한 6개월에서 1년 이상 교회를 떠나 있지만 여전히 기독교 신앙을 유지하고 있는 사람들을 접촉하고자 했다. 그러나 면접 조사 과정에서 만난 가나안 성도 중에는 기독교인으로서의 정체성이 약화되어 무신론자에 가깝게 변한 사람도 있었고, 기독교인이라고는 하지만 다른 종교에도 구원이 있을 수 있다고 생각하는 이른바 종교 다원주의 성향을 보이는 사람도 일부 있었다.

이들을 유형별로 정체성이 뚜렷한 기독교인과 문화적 기독교인, 구도자, 무신론자로 구분할 수 있다. 정체성이 뚜렷한 기독교인은 교회는 떠났지만 여전히 성경의 내용을 믿고, 기독교인으로서의 정체성을 갖고 있으며, 그 표지로 내세의 구원을 확신하는 사람들이다. 40대 여성 명순 씨는 구원의 확신에 대해 다음과 같이 이야기한다.

저는 [구원의 확신을] 받았다고 생각해요. 인생의 전환점에 부딪힐 때마다 보이지는 않지만 저를 붙드는 손길을 많이 느꼈어요. 방언이나 확실한 표적 같은 것을 주시면 좋겠다는 기도를 했지만 받지는 못했지요. 그래서 '나는 아닌가?' 하고 좌절하기도 했지만, 나중에 생각해 보니 그것을 받으면 오히려 더 교만할 수도 있을 것 같다는 생각이 들었죠. 또 제가 감당하기 어려울지도 모르고요. '보이지 않게 해 주셨기 때문에 오히려 믿음을 갖게 되었다'고 해석하게 되었죠.

명순 씨의 자녀들은 모두 모태 신앙으로 교회에 열심히 다니고 있다. 그러나 명순 씨 자신은 목사와 교회에 실망하여 교회를 떠났고 아직 교회로 돌아오지 않고 있다. 명확하게 분류하기는 어렵지만, 인터뷰에서 만난 이들 중 절반 이상은 정체성이 뚜렷한 기독교인으로 보인다. 또 그들 가운데 일부는 최근에 다시 교회에 출석하기 시작했다.

문화적 기독교인은 객관적으로 자신이 기독교인이라고 말할 확실한 근거는 없지만 나름대로 스스로를 기독교인이라고 인식하는 사람들이다. 다른 사람들에게 인정받을 자신은 없지만 스스로는 기독교인이라고 생각한다. 이들은 성경의 내용을 전적으로 믿지 않고 이른바 '구원의 확신'도 없지만, 기독교의 가르침을 좋아하고 따르려는 특징을 보인다. 40대 사업가 기남 씨는 자신의 신앙을 다음과 같이 표현한다.

중고등학교 이후로는 성경에 나오는 이적들을 믿지 않았던 것 같아요. 과학적 사고에 영향을 받은 후에는, 그런 일들은 초자연적 힘이나 하나님의 힘이 아니라 어쩌다 우연히 발생한 일로 생각하게 되었죠. 그런 걸 믿어야 꼭 기독교인이고, 그것 때문에 기독교가 유지된다는 생각 자체를 부정하게 된 거죠.

하지만 회사에서는 신앙인으로서 바르게 행동하려고 합니다. 회사를 목회지로 생각하고 공동체 운동을 해요. 회사 대표로서 직원들의 급여나 인사 문제에 신경을 씁니다. 제가 회사를 운영할 때 기독교 신앙을 실천하고 있다는 사실을 직원들도 알아요. 책꽂이에는 늘 성경책이 꽂혀 있고 기도도 하니까요.

기남 씨는 구원의 확신이 있다고 분명하게 말하지는 못하지만, 자신을 기독교인으로 생각한다. 종교를 묻는 설문에는 당연히 기독교란에 표시한다. 앞에서 보았듯이, 구원의 확신이 없다고 답한 37퍼센트의 사람들을 모두 기독교인이 아니라고 분류할 수는 없다. 인터뷰에서 만난 사람들 중 4분의 1 정도가 이러한 부류에 속했다.

구도자는 기독교인이라는 정체성은 없지만 기독교를 포함한 여러 종교에 호감을 갖고 있고 진리를 추구하는 사람이다. 반드시 기독교 안에만 구원이 있다고 믿지는 않고 다른 종교에도 구원이 있을 수 있다고 생각한다. 이른바 종교 다원주의식 사고를 갖고 있는 사람들이다. 40대 대학 교수 선규 씨는 이렇게 말한다.

기독교도 다른 종교도 모두 역사 속에서 형성된 문화 현상이고, 사람들이 만들어 낸 것이란 생각이 듭니다. 기독교와 이슬람은 크게 다를 것이 없는, 서로 다른 가지일 거예요. 가톨릭은 오랜 시간 문제가 드러날 때마다 정리를 해서 하나로 존재한 반면, 개신교는 워낙 정리가 안 되니까 여러 파로 나뉜 것이겠죠. 난 종교에 대해 깊이 연구한 사람도 아니니, 날 설득할 수 있는 사람이 있으면 한번 설득해 보세요. 솔직히 설득당하고 싶어요. 이성적으로 납득을 시키면 믿겠는데 잘 안 되네요. 불교도 좋다고 생각해요. 모든 종교를 다 존중해요.

1. 가나안 성도의 등장　**33**

선규 씨는 구원의 확신을 갖고 싶었지만 쉽지 않았다. 우연히 구원파 사람을 만나 구원의 확신에 도움이 되는 비디오도 보았다고 한다. 비디오를 끝까지 보면 어느 순간에 확신을 경험한다는 말에 열심히 시청했다. 그러나 선규 씨는 마지막까지 구원의 확신을 가질 수 없었다. 그는 하나님을 믿는 기독교인을 존중하지만, 기독교에만 신이 있는 것은 아니라고 생각한다.

마지막으로 무신론자는 기독교인의 정체성도 없고 종교 자체를 부정적으로 인식한다. 그리고 이들은 다시 둘로 나뉜다. 첫 번째 유형은, 교회를 다니는 동안에는 기독교인으로서의 정체성이 분명했지만, 교회를 떠난 후에는 기독교인으로서의 정체성이 약해져 결국 무신론자가 된 경우다. 두 번째 유형은, 교회를 다니는 동안에도 기독교인으로서의 정체성이 분명하지 않았지만, 나름 기독교 신앙을 가지려고 노력하며 교회 생활을 유지했는데, 이런저런 이유로 교회를 떠난 이후에는 이러한 노력이 지속되지 못하여 무신론자가 된 경우다.

진보 성향의 신학교에서 공부하는 30대 명기 씨는 신앙을 추구하는 모임에 참석하고 있지만, 무신론자로 자처한다.

초월적 유신론은 믿지 않아요. 구원 사건도 여럿이고요. 술주정뱅이가 술을 끊으면 거기서 신을 만나는 셈이죠. 그런 신은 실체로서의 신이나 인격적 신은 아니죠. 명령도 하고 심판도 하고 구원도 하는 그런 신은 안 믿어요.

이와 관련한 설문 조사에 따르면, 구원 문제에 대해 "기독교에만 구원이 있다"는 응답이 31.0퍼센트, "다른 종교에도 구원이 있을 수 있다"는 응답이 36.2퍼센트, "구원의 문제가 중요하다고 생각하지 않는다"는 응답이 32.9퍼센트였다. 구원의 문제가 중요하지 않다는 응답은 연령에 따라 반비례하는 경향을 보였다. 기독교에만 구원이 있다고 믿는 응답은 대학원 졸업 이상에서 상대적으로 높게 나왔다. 안수 집사 이상에서는 기독교에만 구원이 있다고 믿는 응답이 상대적으로 높았고, 서리 집사에서는 다른 종교에도 구원이 있을 수 있다는 응답이 상대적으로 높았다. 한편 교회를 떠나기 전에 구원의 확신이 있었던 응답자들의 절반에 가까운 45.7퍼센트가 기독교에만 구원이 있다고 응답한 반면, 절반 이상은 다른 종교에도 구원이 있을 수 있거나 구원의 문제가 중요하지 않다고 응답했다.

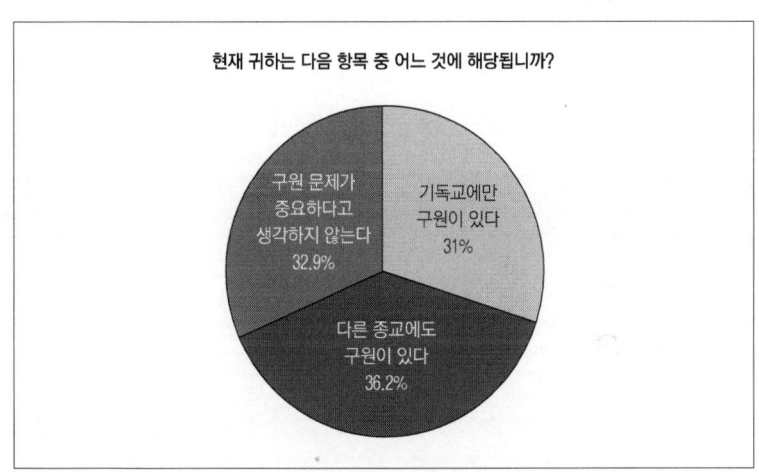

〈그림 5〉 구원에 대한 견해

이러한 유형 분류는 사회학에서 말하는 일종의 이념형에 가깝다. 막스 베버(Max Weber)가 말하는 이념형은 추상적 현상을 이해하기 위해 사용된 구체적 용어다. 그러나 구체적 용어로 추상적 현상을 완전히 포괄하지는 못한다. 또한 이념형은 주어진 환경에서 공통적으로 드러나는 특정한 요소로 이해될 수 있는데, 실제 현상들은 이 이념형과 정확하게 일치하지는 않을 뿐만 아니라 몇 가지 유형이 중첩되어 나타날 수도 있다. 가나안 성도 역시 위에서 정리한 유형과 어느 정도는 일치한다고 볼 수 있으나, 실제로는 두 가지 유형이 중첩되어 나타나기도 한다. 그리고 한 사람의 생각도 고정불변한 것이 아니기 때문에 한 유형에서 다른 유형으로 이동하기도 한다.

이 연구를 통해 만난 대부분의 가나안 성도들은 처음 두 유형에 속하는 사람들이었다. 곧 정체성이 뚜렷한 기독교인들이거나 구원의 확신은 없지만 스스로를 기독교인으로 생각하는 사람들이었다. 그렇다면 교회를 잘 다니던 사람들이 무엇 때문에 교회를 떠나서 가나안 성도가 되는 것일까? 다음 장에서는 가나안 성도들이 교회를 떠나는 과정을 살펴보고, 가나안 성도의 특징과 이들이 교회를 떠난 이유에 대해 보다 자세하게 다룰 것이다.

# 2 교회를 떠나는 이들

**교회를 떠나다**

인터뷰에서 만난 사람들은 대개 이른바 복음주의권에 속한 사람들이었다. 한국 기독교인들의 절대 다수가 복음주의권에 속하기 때문에 어쩌면 자연스러운 결과일 수도 있으나 복음주의권은 다른 진영에 비해 교회를 떠나는 것에 대해 더 심각하게 생각하는 경향이 있다. 복음주의라고 해도 근본주의와 별 다름이 없는 매우 보수적이고 교조적인 신앙을 가진 사람에서부터 매우 진보적이어서 이른바 '복음주의 좌파'라고 불리는 부류까지 스펙트럼이 다양하다. 복음주의에 속하거나 복음주의자라고 자처하는 사람들은 대개 자녀들에 대한 신앙 전수에도 관심이 많아서 자녀들이 어릴 때부터 그들을 신앙 안에서 양육하려고 노력하는 공통점이 있다. 올해 발표한 갤럽 조사 결과에서 다른 종교에 비해 개신교 신자들이 신앙생활에 열심이고 가족 간의 종교 일치도가 높은 점이 이를 방증한다. 그래서 그들은 어려서부터 신앙생활을 한 교회를 모교회로 각별히 여기며 이 모교회에 대한 충성심도 비교적 높다.

이러한 복음주의권의 특성은 본의 아니게 신앙을 강요하는 성향을 띠기도 한다. 특히 자기 나름의 신앙관을 정립하지 못하고 부모 세대의 신앙을 강요받듯이 수용한 경우, 혼란을 겪을 때 제대로 대처하지 못하는 경향이 있다. 기독교 신앙에 대한 비판적인 견해에 부딪힐 때 이들의 믿음은 쉽게 무너진다. 어린 시절에는 습관적으로 교회를 다니면서 성경 이야기를 아무런 의심 없이 받아들였던 이들도 대개 사춘기 시절부터 이런저런 생각을 하기 시작한다. 그러다 대학에 들어가 보다 다양한 견해를 접하면서 어린 시절의 믿음이 흔들리기 시작한다. 어린 시절 철석같이 믿었던 축자영감이나 성경무오설에 대한 믿음이, 대학에서 성서비평을 접하면서 흔들리는 경우를 예로 들 수 있다.

그러나 대부분의 한국 교회 분위기에서는 이런 이야기를 꺼내는 것 자체가 금기시되어 있다. 그래서 어느 누구에게도 솔직하게 물어보기 어렵고, 설령 용기를 내어 물어본다고 해도 제대로 된 답을 듣기도 어렵다. 그런 질문은 판도라의 상자처럼 열면 안 되는 것으로 여겨진다. 대부분의 목회자들은 평신도들이 그런 지식을 접하거나 생각을 하는 것조차 위험하다고 생각하여 무조건 멀리하도록 가르친다. 그러나 아무런 방어 능력을 갖추지 못한 상태에서 대학 이후에 이런 환경에 노출되었을 때에는 오히려 더 큰 혼란에 빠진다. 이것은 대부분 근본주의적인 신앙을 가진 사람들에게 공통적으로 나타나는 현상이다. 이들은 자신의 신앙적 관점을 단순히 내세우기보다 다른 신앙 노선과 그것이 어떤 차이가 있는지를 정확하게 인식하고 정체성을 확립할 필요가 있다.

시골에서 유치부 때부터 교회에 다닌 영혜 씨는 아주 열심히 신앙생활을 했고 목사님의 귀여움을 독차지할 정도로 어른들부터도 인정을 받왔다. 이후 서울에서 대학을 다니는 동안 새로 옮긴 교회에도 쉽게 적응을 하며 신앙생활을 이어갔다. 그러나 20대 초반에 신앙에 대해 의문을 가지며 깊은 회의에 빠지게 되었다. 하지만 주변으로부터 아무런 도움을 받을 수 없었다.

예수 안에 진리가 정말 있나 하고 심한 회의에 빠져들었어요. 20대 초반에 극에 달했었는데, 내가 하는 질문에 아무도 대답을 안 해 주고 아예 관심이 없는 거예요. 예수의 진리가 맞는가? 그것을 규명해야 되는가? 뭐 이런 일종의 철학적인 질문이었죠. 그 당시에 CCC, 조이, 이런 대학교 선교회에 다니는 굉장히 훌륭한 선배들이 있었고, 그들은 나름 저한테 울타리도 되어 줬어요. 그런데 일정한 범주를 벗어나는 질문은 아무도 하지 않는 거예요. 굉장히 고통스러웠어요.

최근 개신교 인구가 줄어든다는 말을 자주 듣는다. 특히 기독교 집안에서 자란 청년들이 성인이 되어서 교회를 떠나는 경우가 많다고 한다. 왜 이런 일이 벌어지는 것일까? 부모의 신앙이 자연스럽게 내면화되어서 자녀에게도 신앙으로 자리 잡았을 때에는 그다지 문제가 없다. 그러나 부모의 강압에 못 이겨 억지로 교회를 다닌 이들은 대학에 들어가서 자신의 의지대로 행동할 수 있게 되었을 때 그야말로 자유의지로 교회를 떠나는 일이 벌어진다.

모태 신앙으로 자라서 지금은 유명 대학병원의 외과의사로 일하는 경애 씨도 비슷한 경우다. 그는 모태 신앙인들의 문제는 자기 선택이 없다는 점이라고 말한다. 스스로 판단해서 선택할 기회가 없기 때문에 어쩔 수 없이 교회에 다니는 경우가 많다는 것이다. 어릴 때에는 신앙생활을 하는 가족 환경 안에 있기 때문에 이것이 큰 문제가 되지 않지만, 대학에 가서 성인이 되어 스스로 선택할 시기가 되면 교회를 떠나게 되는 경우가 많다고 말한다. 목회자의 딸인 성미 씨 역시 어렸을 때는 별다른 생각 없이 신앙생활을 했다. 그러나 대학에 들어간 후 사회에 대한 비판의식이 생기고 학생운동에 참여하면서 유물론을 배우고, 불교에도 관심을 갖게 되었다. 그리고 자연스럽게 교회와 멀어졌다.

인터뷰에서 만난 대부분의 가나안 성도들은 이러한 과정에서 제대로 관심을 받지 못하였고, 때로는 상처를 받기도 하였다. 나름대로 일리 있는 문제의식을 가지고 있었고 깊은 고민에 빠졌지만 이들의 이야기를 귀담아 들어줄 사람이 교회 안에는 별로 없었다. 이런 문제에 대하여 질문을 하면 신앙이 없는 사람처럼 취급당할 뿐만 아니라 죄악시하는 경향이 있기 때문에 말문을 열기조차 어려웠다.

또 다른 모태 신앙인이자 체육대학에 다니는 현재 씨는 가나안 성도에 대한 연구 소식을 듣고 페이스북을 통해서 직접 연락을 해 왔다. 위선을 벗어 버리고 올바른 신앙을 삶에서 실천하기 위해서 나름 고민했지만, 명문 대학에 다니는 청년부 지체들은 그의 이야기를 귀담아 들으려 하지 않았다. 목사님은 늘 바빠 보여서 가까이 하기 어려웠다. 결국 그는 쫓겨 나오듯이 교회를 나왔다.

저 역시도 교수님 앞에서 이런 말을 하는 게 창피해요. 교회가 싫다고 이렇게 비겁하게 나온 거잖아요? 제가 가나안 성도라는 말이잖아요? 다른 지체들이 위선적인 행동을 해도 예수님처럼 다 끌어안아야 하는데 저는 그러지 못하고 이렇게 나왔어요. 제 스스로 가나안 성도가 된 거죠. 사람도 식물과 비슷하다고 생각해요. 햇빛을 받아 광합성을 하는 식물처럼 사람도 먹어야 에너지를 내죠. 그런데 저는 영적인 광합성을 못하는 거죠. 뭘 먹어야, 영적으로 공급을 받아야, 에너지를 낼 수가 있잖아요. 그런데 교회 사람들은 앞에서 하는 말과 실제 행동이 달라요. 그들에게서는 어떤 에너지를 낼 수 있는 뭔가를 공급받는다는 걸 생각할 수 없어요. 그냥 제가 수용할 수 없는 역겨운 것들뿐이었죠. 그들의 역겨운 행동을 참지 못하고 결국 제 스스로 나왔지만 전 쫓겨난 것 같은 비참한 느낌을 갖고 있어요.

인터뷰에서 만난 가나안 성도들은 현재 씨처럼 교회에서 쫓겨난 느낌을 받았다고 말하는 이들이 많았다. 결국에는 자기 발로 교회를 나왔지만, 공동체로부터 내몰리는 느낌을 받고 더 이상 버틸 수가 없어서 쫓겨나듯이 나왔다는 것이다.

신학교에 다니는 규진 씨는 조산아로 태어났다. 게다가 태어난 이후에도 바이러스 감염으로 매우 위독한 상태였다. 그의 부모님은 아이를 낫게 해 주시면 그를 주님의 종으로 바치겠다고 서원 기도를 했다. 그는 기적적으로 살아났지만 그때의 후유증으로 말을 또박또박하게 하지 못하고, 표정도 자연스럽게 짓지 못하며, 신체적으로 약간의 불편을 느끼면서 살아간다. 하지만 규진 씨는 이것을 사도 바울이 얘기했던 육체의 가시, 또는 체험의 상징으로 여기며 신앙 안에서 잘 성장했다. 그러다 신학교에 들어간 이후 자신의 신앙에 대해서 의문을 품게 되었다.

그가 신학대학에 입학한 시기는 1990년대 말 학번의 선배들이 남아 있을 때였는데, 그들은 나름대로 신앙의 근본에 대한 진지한 고민을 했던 마지막 세대라고 할 수 있다. 이들은 기숙사에 들어오는 신입생마다 왜 신학교에 왔는지, 자신이 믿는 하나님이 진짜 하나님인지, 예수님을 진짜로 믿는지 공격적인 질문들을 퍼붓곤 했다. 그리고 모두 믿는다고 대답하면 어떻게 그렇게 쉽게 믿는다고 말할 수 있느냐, 너희들이 믿는 하나님은 가짜라고 도발적인 말들을 하며 신입생들을 혼란 속으로 몰아넣기 일쑤였다.

규진 씨 역시 같은 질문 세례를 받으며 자신의 신앙에 대해 처음으로 근본적인 물음을 하게 되었다. 그는 한번 의문이 생기면 그냥 못 넘어가는 성격이라 그날부터 자신의 신앙을 철저하게 파헤치기 시작하였다. 자신의 신앙 체험을 그냥 자신의 신앙이라고 믿어 버렸던 것은 아닐까, 신앙이라는 포장지로 싸여 있는 이것의 정체는 무엇일까, 내가 믿는 하나님이 정말 하나님인가, 아니면 내 상상이 투영된 하나님은 아닌가? 이런 고민들을 하면서 낮에는 도서관에 처박혔고, 밤에는 술을 마셨던 기억밖에 없다.

규진 씨는 이때부터 자신의 신앙 정체성에 대해서 심각하게 고민했다. 약간의 우울 증세도 있어서 혼자 지내는 시간이 많아졌다. 교회에 대한 회의도 날로 심해져 갔다. 자기들끼리 있으면 가족 같은 분위기지만, 교회 밖에서는 완전히 남남같이 달라지는 모습의 사람들을 과연 교회라고 할 수 있을까, 하는 고민도 많아졌다. 그러나 아무리 고민해도 교회로부터 어떤 도움도 받을 수 없다는 사실에 교회로부터 점점 더 멀어졌고, 결국 교회에 발길을 끊게되었다.

이들의 경우처럼, 젊은 시절에 자신의 신앙에 대해 이런저런 의문을 품어 보지 않은 사람은 거의 없다. 문제는 이런 사람들에 대해서 교회가 깊은 관심을 가지지 못하는 데에 있다. 신앙 문제는 결국 본인 스스로 답을 찾아야 하는 것이지만, 이들에게는 격려가 필요하다. 이런 고민을 하는 사람이 혼자가 아니라는 점을 안심시켜 줄 필요가 있다. 특히 이런 문제의식을 느끼는 것이 잘못이 아니라 신앙의 성숙에 도움이 된다는 격려가 매우 절실하다. 그러나 대부분의 교회에 개인의 마음속에 소용돌이치는 이런 깊은 혼란과 고민을 털어놓고 상담할 사람이 거의 없는것이 현실이다.

이렇게 신앙에 대한 회의로 깊이 고민하는 사람들에게 관심을 제대로 보여 주지 못하는 교회의 현실에 대해 한 목회자는 이런 이야기를 한다. 자신이 부목사 시절에는 이런 고민을 하는 사람들의 이야기를 많이 들어 주었는데, 담임 목사가 되고 나서는 이런 관심을 갖기가 어려워졌다는 것이다. 교회 전체를 돌보고 이끌어 가야 하기에 소수의 사람에게 깊은 관심을 갖는 것이 어려워졌다는 것이다. 이들에게 관심을 갖는다고 해서 문제가 쉽게 해결되는 것이 아니기 때문에 목회의 관점에서 보면 그것은 비효율적인 일이다. 특히 교회 성장의 측면에서는 이들에게 진을 빼기보다 몇 사람을 전도하는 것이 더 효과적이라는 생각이 든다는 것이다. 교회는 과연 무엇을 위해 존재하는 것인지에 대한 근본적인 논의를 해야 할 때다.

아래에서는 설문 조사 결과를 면밀히 검토하면서 가나안 성도들이 교회를 떠난 이유는 무엇인지, 떠나기까지 어떤 과정을 거쳤는지 그리고 떠난 후의 상태는 어떠한지 살펴보도록 하자.

### 흔들리는 마음 : 교회를 떠날 것인가

가나안 성도들은 교회를 떠나기 전에 상당 기간 고민한 것으로 나타났다. 고민 기간은 6개월 이상이 3분의 1에 가까운 32.1퍼센트로 가장 많았고, 2-3개월이 17.5퍼센트, 4-5개월이 11.1퍼센트였다. 6개월 이상 고민한 비율은 남성보다 여성이 더 높았다. 50대와 60대 이상, 서리 집사와 안수 집사 이상 그리고 구원의 확신이 있었다고 응답한 사람들에게서 6개월 이상 고민했다는 응답이 평균보다 높게 나왔다. 따라서 직분이 있고, 구원의 확신이 있었던 사람 그리고 여성과 직분자들의 경우 상당한 기간 동안 교회를 떠나는 것에 대해 고민을 했다는 것을 알 수 있다.

그러나 고민에 대한 상담 대상에 대해서는 "없었다"는 응답이 46.5퍼센트였고, 가족이 31.9퍼센트, 교우 25.8퍼센트, 교회 밖 지인 18.8퍼센

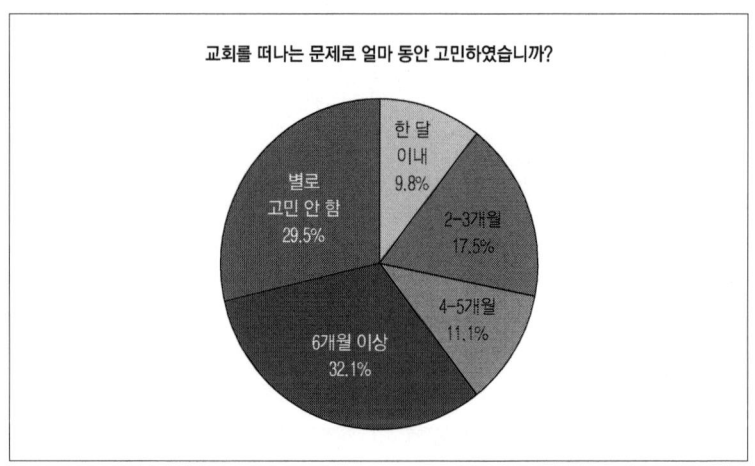

〈그림 6〉 교회 이탈 전 고민 기간

트, 부교역자나 담임 목회자라는 응답은 7.1퍼센트로 가장 적었다. 앞의 문항과 연결해서 볼 때, 절반에 가까운 가나안 성도들이 4개월 이상 비교적 긴 시간 동안 교회를 떠나는 문제로 고민했지만, 상담할 대상이 없어 혼자서 끙끙 앓았다. 이들이 목회자들과 상담할 기회는 별로 없었다.

특히 남성들과 고졸 이하의 학력자들은 부교역자나 담임 목회자와 상담했다는 응답이 평균을 훨씬 밑돌았다. 직분자들은 '가족'과 상담했다는 응답이 평균을 훨씬 웃돌았고, 무직분의 응답자들은 상담 대상이 '없었다'는 응답이 평균을 웃돌았다. 300-1000명 미만의 교회에서는 '교역자'나 '담임 목회자'와 상담했다는 응답이 상대적으로 높았고, 100명 미만의 교회에서는 상담 대상이 '없었다'는 응답이 상대적으로 많았다. 결론적으로 남성들은 교역자들과 상담할 기회를 별로 갖지 못했고, 직분자들은 교역자들보다는 가족들과 주로 상담을 했으며, 직분이 없었던 사람

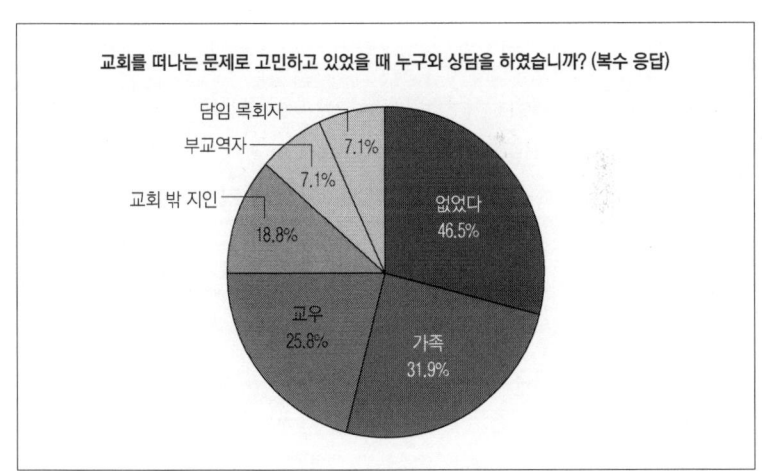

〈그림 7〉 교회 이탈 전 상담 대상

들은 상담할 대상이 별로 없었다는 것을 알 수 있다.

**교회를 떠난 이유**

무엇보다도 중요한 것은 이들이 교회를 떠나게 된 이유다. 이것은 가나안 성도의 정체성과도 관련이 있다. 가나안 성도들이 단순히 기성 교회가 싫어서 떠난 사람들인지 아니면 교회라는 제도나 조직 자체를 거부하는 것인지를 파악할 수 있는 실마리가 되기 때문이다. 이것은 또한 이들에 대한 목회적 대안과도 직결된다. 기성 교회에 문제가 많아서 교회를 떠난 것이라면 기성 교회를 고치고 개혁하면 이들이 다시 교회로 돌아올 가능성이 있다. 하지만 이들이 교회 제도 자체를 거부하는 일종의 무교회주의자라면 아무리 교회를 갱신한다고 해도 이들은 교회로 돌아오지 않을 것이다.

설문 조사 결과를 보면, 교회를 떠난 이유에 대해서 "자유로운 신앙생활을 원해서"가 30.3퍼센트로 가장 많았고, 다음으로 "목회자에 대한 불만"이 24.3퍼센트, "교인들에 대한 불만"이 19.1퍼센트, "신앙에 대한 회의"가 13.7퍼센트, "시간이 없어서"라는 단순 이유는 6.8퍼센트에 불과한 것으로 나타났다. 한목협 조사 결과에서는 3대 종교 이탈자 모두 그 종교를 믿지 않게 된 가장 큰 이유가 "시간이 없어서"(개신교는 31.2퍼센트)였다. 종교로서의 기독교를 떠난 것과 기독교 신앙은 유지하면서 교회를 떠난 것은 매우 다른 이유에서 비롯되었다는 것을 알 수 있다.[6] 다시 말해서

---

6  한국 기독교 목회자 협의회, 같은 책, p. 48.

기독교 자체를 떠난 것은 매우 사사로운 이유 때문이었지만, 조직으로서의 교회를 떠난 이유로는 교회에 대한 불만이 상당 부분을 차지하고 있다는 것이다.

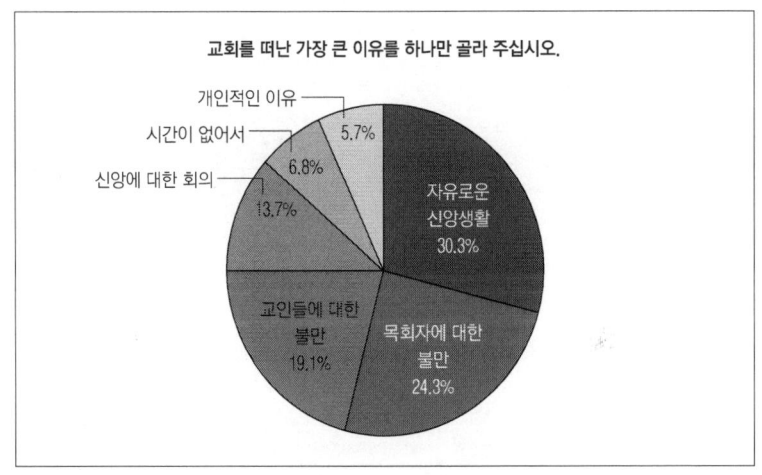

〈그림 8〉 교회 이탈 이유

다르게 분석해 보면, "자유로운 신앙생활을 원해서"(30.3퍼센트), "시간이 없어서"(6.8퍼센트), "개인적인 이유"(5.7퍼센트)를 합하면 일종의 개인 문제가 42.8퍼센트였고, "목회자에 대한 불만"(24.3퍼센트), "교인들에 대한 불만"(19.1퍼센트)과 같은 교회 관련 문제가 43.4퍼센트로 비슷하게 나타났다. 나머지 "신앙에 대한 회의"는 13.7퍼센트였다. 그러나 "신앙에 대한 회의"는 순전히 개인의 문제로 치부할 수 없다. 개인 문제보다는 대체로 교회에 대한 불만이 교회를 떠난 이유에서 더 큰 비중을 차지하기 때문이다. 이를 확인하기 위하여, 교회를 떠난 이유와 10장의 〈표 5〉에 있는 "신앙은 순전히 개인적인 것"이라는 두 문항의 교차 분석을 했다. "신앙에 대한 회의"라고 응답한 사람들이 "신앙은 순전히 개인적인 것"이라는 진술에 동의한 비율은 70.9퍼센트로 평균과 비슷하였다. 따라서 신앙에 대해 회의를 가진

〈표 3〉 사례별 교회 이탈 이유

| | | 사례수 | 자유로운 신앙생활을 원해서 | 목회자에 대한 불만 | 교인들에 대한 불만 | 신앙에 대한 회의 | 시간이 없어서 | 개인적인 이유 |
|---|---|---|---|---|---|---|---|---|
| | | | % | % | % | % | % | % |
| 전 | 체 | (316) | 30.3 | 24.3 | 19.1 | 13.7 | 6.8 | 5.7 |
| 성별 | 남성 | (159) | 35.3 | 24.4 | 12.9 | 16.5 | 7.1 | 3.3 |
| | 여성 | (157) | 25.1 | 24.1 | 25.4 | 10.8 | 6.5 | 8.0 |
| 최종 학력 | 고졸 이하 | (56) | 41.6 | 18.4 | 18.4 | 9.7 | 9.4 | 1.3 |
| | 대졸 | (219) | 29.0 | 24.9 | 19.1 | 14.9 | 5.7 | 6.4 |
| | 대학원졸 이상 | (41) | 21.2 | 29.0 | 20.5 | 12.8 | 8.8 | 7.7 |
| 교회 출석 시 직분 | 안수 집사 이상 | (37) | 22.0 | 46.7 | 31.4 | 0.0 | 0.0 | 0.0 |
| | 서리 집사 | (48) | 17.8 | 33.2 | 21.4 | 16.5 | 4.9 | 6.3 |
| | 직분 없었음 | (232) | 34.1 | 18.9 | 16.7 | 15.3 | 8.3 | 6.4 |
| 교회 이탈 전 구원 확신 유무 | 분명히 있었다 | (152) | 25.4 | 31.3 | 20.3 | 7.5 | 6.5 | 9.1 |
| | 뚜렷하지 않다 | (153) | 34.1 | 19.0 | 17.3 | 19.9 | 6.5 | 2.7 |
| | 없었다 | (11) | 44.5 | 0.0 | 28.1 | 13.0 | 14.2 | 0.0 |
| 교회 이탈 전 출석 교회 규모 | 99명 이하 | (44) | 39.1 | 18.6 | 9.6 | 16.3 | 6.2 | 10.2 |
| | 100-299명 | (99) | 32.5 | 24.8 | 20.3 | 10.2 | 6.7 | 5.4 |
| | 300-999명 | (102) | 24.7 | 31.6 | 21.6 | 13.5 | 5.3 | 3.3 |
| | 1000명 이상 | (70) | 29.7 | 16.4 | 19.8 | 17.2 | 9.4 | 6.5 |
| 교회 이탈 전 출석 교회 교단 | 예장합동 | (61) | 26.4 | 30.4 | 14.7 | 12.5 | 3.8 | 12.1 |
| | 예장통합 | (49) | 30.7 | 27.1 | 23.3 | 12.4 | 1.4 | 5.1 |
| | 예장기타 | (14) | 20.9 | 11.7 | 27.9 | 21.5 | 18.0 | 0.0 |
| | 기장 | (77) | 32.8 | 32.6 | 15.0 | 7.6 | 8.1 | 3.9 |
| | 감리교 | (50) | 31.7 | 19.0 | 23.5 | 16.2 | 6.8 | 1.4 |
| | 기타 | (38) | 26.1 | 15.7 | 21.7 | 21.2 | 13.4 | 1.9 |
| | 모름 | (29) | 38.1 | 10.6 | 17.3 | 16.6 | 4.8 | 12.5 |

사람들이 특별히 개인적인 신앙을 추구한 것은 아니라고 볼 수 있다.

성별로 보면, 남성은 "자유로운 신앙생활을 원해서"(35.3퍼센트), 여성은 "교인들에 대한 불만"(25.4퍼센트)이 가장 많았다. 학력별로는, 고졸 이하의 학력자들은 "자유로운 신앙생활을 원해서"(41.6퍼센트), 대학원졸 이상의 학력자들은 "목회자에 대한 불만"(29.0퍼센트)이 가장 많았다. 교회를 출석 중인 사람들이 교회를 떠난 이유로는, 직분이 있었던 사람들은 목회자에 대한 불만이, 무직분자들은 자유로운 신앙을 원해서가 가장 많았다. 구원의 확신이 있었던 사람들은 "목회자에 대한 불만"(31.3퍼센트)으로, 구원의 확신이 뚜렷하지 않았던 사람들은 "자유로운 신앙생활을 원해서"(34.1퍼센트)로 이유가 달랐다. 결과적으로 교회 생활에 더 열심인 여성들과 고학력자들, 직분자들 그리고 구원의 확신이 있었던 사람들이 교회에 대한 불만이 더 많았던 것을 알 수 있다.

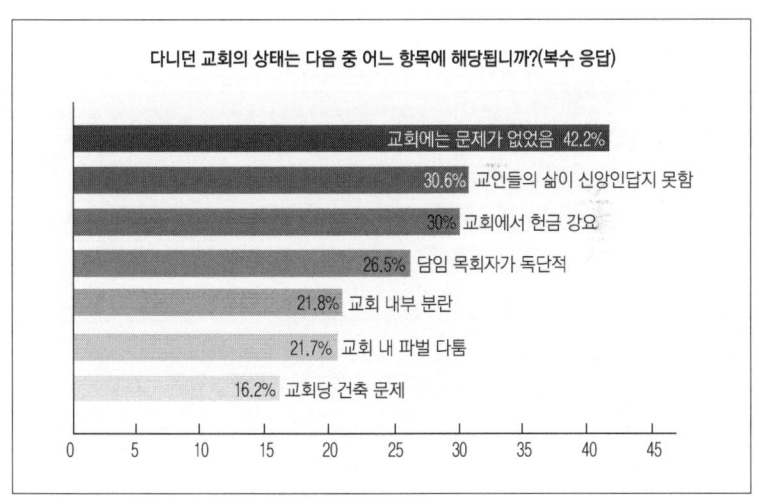

〈그림 9〉 출석 교회의 문제

### 교회를 떠나고 싶은 마음이 들게 하는 것들

교회를 떠나기 전에 다니던 교회의 상태에 대해서, "교회에는 문제가 없었다"는 답을 제외하면 "교인들의 삶이 매우 신앙인답지 못했다"와 "교회에서 지나치게 헌금을 강조하였다"가 각각 30.6퍼센트와 30.0퍼센트로 가장 많았고, 다음으로 "담임 목회자가 매우 독단적이었다"가 26.5퍼센트, 교회당 건축 문제도 16.2퍼센트 있었다. 대학원졸 이상의 고학력자들은 교인들의 삶에 대한 불만이 43.2퍼센트로 가장 높았다.

교회 규모가 100명 미만의 소형 교회에서는 문제가 없었다는 응답이 63.1퍼센트로 매우 높게 나온 데 반해, 300-1000명 미만의 중형 교회에

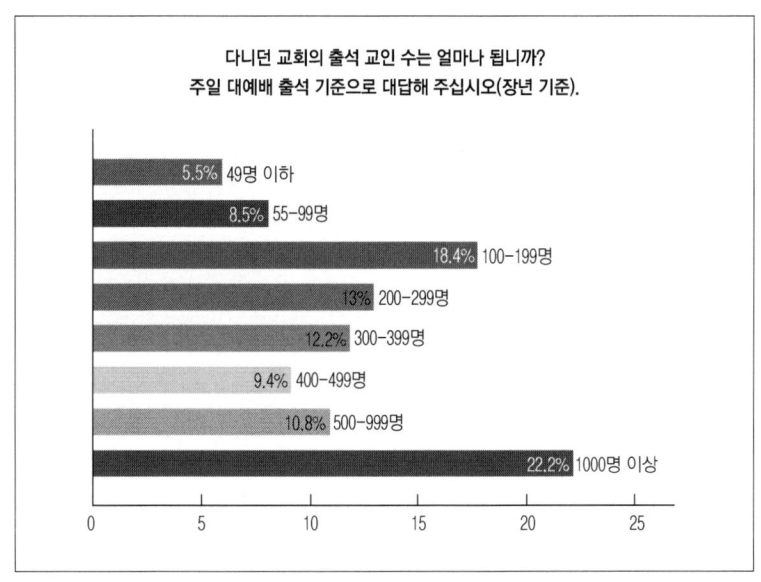

〈그림 10〉 다니던 교회의 규모

서는 헌금 강요가 40.6퍼센트로 가장 높게 나왔고 교회당 건축 문제도 22.9퍼센트로 상대적으로 높게 나왔다. 헌금에서 가장 문제가 되는 것이 건축 헌금에 대한 강요이므로 이 둘은 상관관계가 있어 보인다. 특히 어느 정도의 규모를 갖춘 중형 교회에서 교회당 건축을 하는 경우가 많기에 이러한 결과가 나온 것으로 해석된다. 교인 수 1000명 이상의 대형 교회에서는 교회 내 파벌 싸움이 30.2퍼센트로 상대적으로 높게 나왔다.

떠나기 전에 다니던 교회 규모에 대해서는, 1000명 이상이 22.2퍼센트로 가장 많은 것으로 나타났고, 다음으로 100-199명이 18.4퍼센트로 많았다. 그리고 100명 미만이 14.0퍼센트, 200-299명이 13.0퍼센트, 300-399명이 12.2퍼센트, 500-999명이 10.8퍼센트 등으로 나타나 큰 차이는 아니지만, 1000명 이상의 큰 교회들과 200명 미만의 작은 교회가 상대적으로 많았고, 300명에서 1000명 미만은 비교적 적었다. 큰 교회에서는 세심한 돌봄과 관심의 부족이 그리고 작은 교회에서는 반대로 지나친 관심과 부대낌이 원인일 것으로 추측된다. 실제로 인터뷰 중에는 교회가 작아서 서로 간에 속속들이 알고 이렇게 저렇게 간섭하며 말들을 만들어 내는 게 싫어서 교회와 멀어졌다고 얘기하는 경우가 있었다.

**교회 이탈 시기**

교회를 떠난 시점에 대해서, 30대라는 응답이 25.0퍼센트로 가장 많았고, 다음으로 고등학교 졸업 후 20대가 23.4퍼센트, 고등학교 이전이 20.0퍼센트, 40대가 16.4퍼센트, 50대 이후가 15.3퍼센트 순이었다. 남성은 30대(27.8퍼센트), 여성은 고등학교 이전(24.4퍼센트)이 가장 많았다. 안수 집사 이상이었던 사람들은 50대 이후(64.4퍼센트), 서리 집사였던 사람들은 40대 (58.7퍼센트)에 떠난 사람들이 과반수였다. 20대와 30대를 합해서 초기 성인기 때 교회를 떠나는 비율이 거의 절반에 이르는 것을 볼 때 앞에서 살펴본 것처럼 고등학교를 졸업한 이후 기독교 신앙에 대한 다양한 관점을 접하면서 생긴 문제의식과 고민을 해결하지 못한 것이 큰 영향을 끼쳤으리라 분석된다.

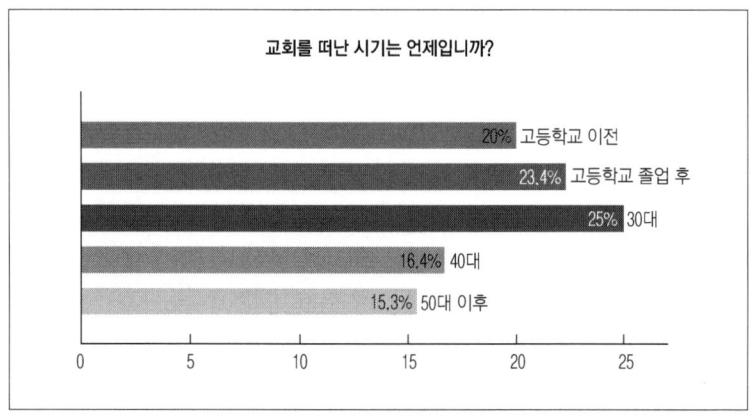

〈그림 11〉 교회를 떠난 시기

초기 성인기는 청소년에서 성인으로 변해 가는 과정으로, 적응이 필요한 시기다. 그러나 그 무렵의 개인이 접하는 사회도 급변하기 때문에 더욱 큰 정체성의 혼란과 위기에 빠질 수 있다. 더욱이 기독교인의 경우, 이러한 변화 속에서 성경적인 관점, 기독교 신앙인으로서의 정체성과 가치관 등을 제대로 정립하지 못하면 의미 있는 삶을 영위하기도 힘들뿐더러 정신적인 혼란 속에서 우울증과 같은 심리적인 문제에 시달릴 우려가 크다. 미국의 경우, 10대에 교회에 참석하던 미국 젊은이들의 60퍼센트 가까이는 고등학교 졸업 후 초기 성인기에 교회를 떠난다는 연구 결과도 있다.[7] 따라서 이들에 대한 지속적이고 깊은 관심과 지원이 절실하다.

교회를 떠난 이후 경과 시간에 대해서는, 5년 미만이라는 응답이 27.3퍼센트로 가장 많았으나, 다음으로 5-10년 미만이 25.3퍼센트, 10-15년 미만이 22.0퍼센트로 큰 차이를 나타내지는 않았다. 또한 15-20년 미만은 18.5퍼센트, 20년 이상은 6.9퍼센트 순이었다. 그리고 평균은 9.3년으로 나와 이들이 교회를 떠난 지 10년 가까이 된 것을 알 수 있다. 한편 직분이 있었던 사람들은 상대적으로 교회를 떠난 기간이 짧은 것으로 나타나 이들이 신앙을 잃지 않고 교회로 돌아올 수 있는 방안 마련이 매우 시급한 실정이다.

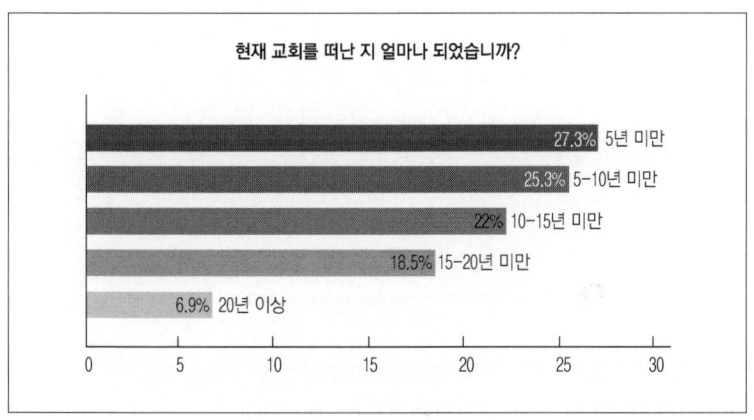

〈그림 12〉 교회를 떠난 기간

---

7 David Kinnaman, *You Lost Me: Why Young Christians Are Leaving Church and Rethinking Faith*(Grand Rapids, Mich.: Baker Books, 2011).

### 교회를 떠난 후의 상태

가나안 성도들의 현재 상태와 관련하여, 먼저 지금도 구원의 확신이 있는지 물어보았다. 아래 그래프는 1장의 그림 5에서 구원 문제에 대한 견해를 물은 질문에 대해서 "기독교에만 구원이 있다"고 응답한 사람들에게 질문한 결과다. 이에 대해 현재 구원의 확신이 있다는 응답이 82.1퍼센트(아니라는 응답은 17.9퍼센트)였는데, 이것은 전체 응답자의 25.3퍼센트에 해당하는 수치다. 이 수치는 학력에는 반비례하고, 직분에 따라 비례하는 경향을 나타냈는데, 교회를 떠나기 전에 구원의 확신이 있었던 사람들 중에 90.5퍼센트가 지금도 구원의 확신이 있다고 응답했고, 뚜렷하지 않다고 응답한 사람들 중에도 61.3퍼센트는 현재 구원의 확신이 있다고 응답하였다는 점에 주목할 필요가 있다. 앞에서 살펴본 대로 교회를 떠난 지 평균 10년 가까이 되는데도 이들 중 상당수가 신앙을 유지하고 있다.

교회 출석에 대해서는, "가능한 한 빨리 다시 교회에 나가고 싶다"는 응답이 13.8퍼센트, "당장은 아니지만 언젠가 다시 교회에 나가고 싶다"는

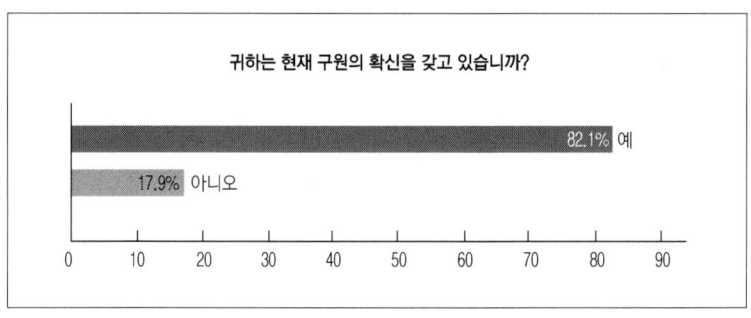

〈그림 13〉 현재 구원의 확신 여부

응답이 53.3퍼센트로 세 명에 두 명꼴로 다시 교회에 나가고 싶다는 입장을 보였다. 그리고 "나가고 싶지 않지만 교회에 나가지 않는 것이 불편하다"는 응답이 21.0퍼센트, "나가고 싶지 않다"는 응답은 13.8퍼센트에 불과했다. 여성들이 남성들에 비해 교회에 다시 나가고 싶어 하는 성향이 강했고, 구원의 확신이 있었던 사람들 역시 교회에 다시 나갈 의향이 상대적으로 강했다. 이 결과에서 볼 때 가나안 성도 중에 상당수가 교회에 나가길 원하고 있고, 나가고 싶지 않더라도 교회에 대한 생각을 떨쳐 버리지 못하는 상태에 있었다.

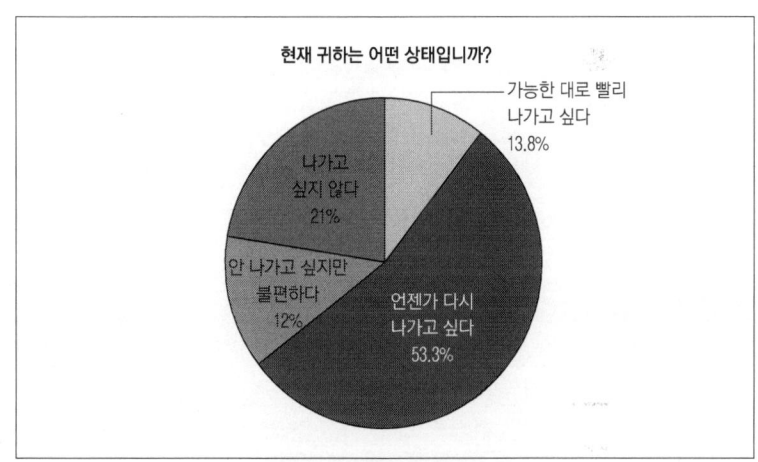

〈그림 14〉 교회 출석에 대한 생각

그러나 신앙 모임 참석 여부에 대해서는 참여한다는 응답이 8.2퍼센트로 매우 적었다. 40대 이상의 나이에서는 10퍼센트 이상으로 20-30대에 비해 신앙 모임을 하는 경우들이 많았고, 학력과 비례하는 경향을 나타냈다. 그리고 안수 집사 이상에서 평균보다 높았고, 구원의 확신이 있었던 사람들도 그렇지 않은 사람들보다 훨씬 높았다. 이것은 앞에서 교회를 떠난 이유에 대해서 고학력과 직분자, 구원의 확신이 있었던 사람들 중에서 목회자에 대한 불만이 컸던 점과 상응하는 결과로 해석된다. 목회자에 대한 불만으로 교회를 떠났지만, 교회 자체를 거부했던 것은 아니기 때문에 신앙 모임을 찾아서 참석하는 것이다.

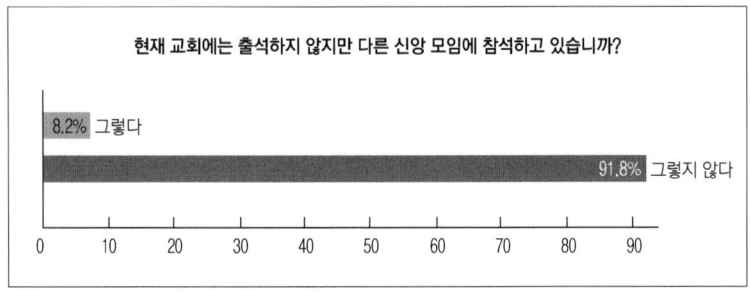

〈그림 15〉 신앙 모임 참석 여부

다시 교회에 나갈 경우 희망하는 교회 조건으로는 올바른 목회자가 있는 교회가 16.6퍼센트로 가장 많았고, 다음으로 공동체성이 강조되는 교회(15.6퍼센트), 건강한 교회(11.1퍼센트), 부담을 주지 않는 교회(9.4퍼센트), 편안한 교회(8.8퍼센트), 장로교회(8.4퍼센트), 신앙을 중시하는 교회(6.9퍼센트) 등의 순으로 나타났다. 남성은 공동체성이 강조되는 교회(12.9퍼센트)가 가장 높았고, 30대는 부담을 주지 않는 교회(15.6퍼센트)가 상대적으로 높았으며 50대는 공동체성이 강조되는 교회(20.0퍼센트)가 가장 높았다. 고학력자들은 올바른 목회자가 있는 교회라는 응답이 27.6퍼센트로 평균을 훨씬 웃돌았고, 구원의 확신이 없었던 응답자들은 건강한 교회라는 응답이 15.6퍼센트로 가장 많았다.

한국 교회 현실에서 교회의 여러 환경적인 요소에 가장 큰 영향을 미치는 인물이 목회자이기 때문에 올바른 목회자에 대한 요청이 가장 커 보인다. 특히 교회를 떠난 이유로 목회자들에 대한 불만이 높았던 점과 상관관계가 있다. 목회자에 대한 불만이 높았던 고학력자들이, 출석하고 싶은 교회로는 올바른 목회자가 있는 교회라고 응답한 것이 이를 잘 보여 준다. 특징적인 것은 두 번째로 높은 응답이 "공동체성이 강조되는 교회"였다는 점이다. 실제로 가나안 성도들을 면접하는 과정에서 이들은

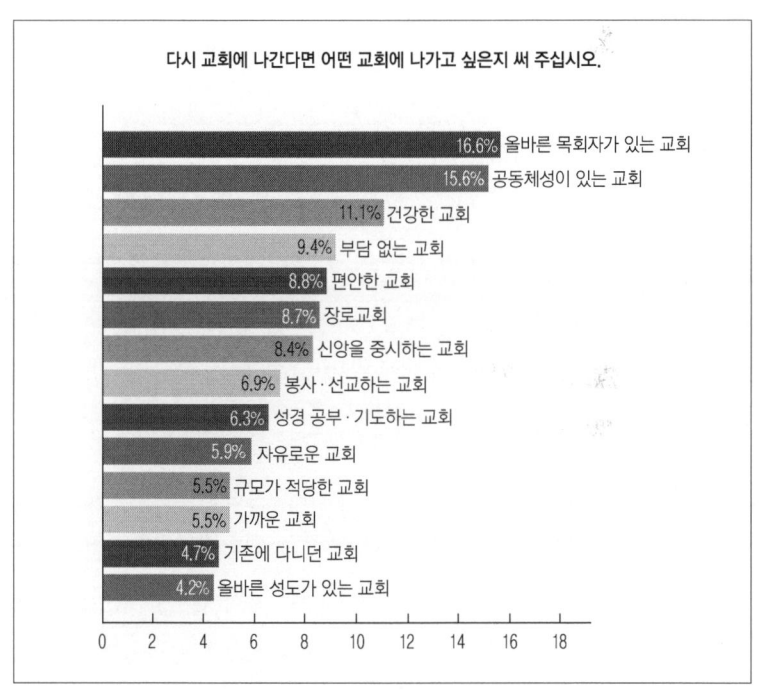

〈그림 16〉 교회 재출석 시 희망하는 교회

2. 교회를 떠나는 이들   57

공동체에 대해서 많은 관심을 나타냈고, 현실의 교회가 공동체적이지 않음에 많은 실망감을 표현했다. 이에 대해서는 '가나안 성도들의 교회'에 대해 쓴 7장과 이 책의 마지막 장에서 더 깊이 논의할 것이다.

이러한 내용을 종합해 보면, 가나안 성도들의 현재 상태는 교회를 떠난 지 평균 10년 가까이 되어 가고, 그들 중에 상당수는 지금도 구원의 확신을 가지고 있어 정체성이 뚜렷한 기독교인임에도 신앙 모임에는 대부분 참석하지 않고 있다. 그리고 이들 중 3분의 2는 교회에 다시 나가고 싶은 의향을 가지고 있다.

이들이 교회로 돌아올 수 있게 하기 위해서는 세심한 전략이 필요하다. 이를 위해, 떠나는 이유에 따라서 가나안 성도들을 유형별로 분류해 보면, 세 가지로 나눌 수 있다. 첫째는 뚜렷하게 기성 교회에 불만을 가지고 교회를 떠난 사람들이다. 둘째는 특정 교회에 대한 불만보다는 교회라는 틀에 얽매이지 않고 자유로운 신앙생활을 원해서 교회를 떠난 사람들이다. 마지막 유형은 특별한 의식 없이 이사와 같은 환경의 변화나 개인적인 이유로 교회를 안 나가게 된 일종의 '귀차니스트'에 속하는 사람들이다.

이러한 유형들을 고려하여 목회적인 방안이 마련되어야 할 것이다. 이에 대해서는 책의 후반부에 자세하게 다루겠지만, 잠정적으로 생각해 볼 수 있는 방안은 이렇다. 마지막 유형에 속한 사람들에 대해서는 특별한 대안보다는 일반적인 전도 방식과 같은 방식으로 접근하면 될 것이다. 물론 기존의 전도 방식에 대한 반성과 대안의 방식에 대한 논의도 필요하나 이것은 이 책의 목적을 넘어서는 일이다. 이에 대해서는 복음과 전도에 대한 전문 서적들을 참고하기 바란다.[8]

두 번째 유형에 속한 사람들에 대해서는 현실적으로 이들을 교회로 돌아오게 하기는 쉽지 않다. 따라서 이들이 당장 기존 교회로 돌아오지는 않더라도 이들 스스로 신앙 모임을 함으로써 신앙을 유지할 수 있도록 돕는 것이 적절하다. 작년에 한국을 방문한 필립 얀시는 가나안 성도에 대해 묻는 기자의 질문에 교회 문제 때문에 "떠난 사람들은 돌아오지 않는다. 불에서 꺼낸 숯은 차가워지게 마련이다. 성숙한 기독교인이 교회 안에 계속 남아 개혁과 새 생명 운동을 일으켜야 한다. 그렇지 않으면 한국 교회는 오늘날 유럽 교회가 그렇듯 텅 빈 유물로 전락할 것이다"라고 경고한 바 있다. 따라서 가나안 성도들을 교회로 데려오려고 애쓰기보다 이들이 스스로 신앙생활을 할 수 있도록 돕는 것이 이들에 대한 보다 현실적인 방안이 될 수도 있다.

우리가 현실적으로 더 주목해야 하는 것은 첫 번째 유형에 속한 사람들이다. 이 유형에 속한 사람들에 대한 방안은 무엇보다도 기성 교회가 갱신되어야 한다. 이들의 불만이 이기적인 차원이나 개인의 문제에서 발생하는 것이 아니라 한국 교회에 대한 진지한 문제 제기라면 이들의 목소리에 귀를 기울일 필요가 있다. 그것이 결국 얀시가 경고한 바이기도 하다. 한국 교회가 유럽 교회의 전철을 밟지 않고 생명력 있는 공동체로 존재하기 위해서는 한국 교회의 현실에 대한 개혁 운동이 전개되어야 한다. 특히 첫째 유형과 둘째 유형은 개념상으로는 분리되지만 현실에서는

---

8   단순히 전도 전략에 대한 내용보다는 복음에 대해 보다 깊이 이해할 수 있는 레슬리 뉴비긴의 『다원주의 사회에서의 복음』(IVP, 2007), 『복음, 공공의 진리를 말하다』(SFC, 2008)과 알리스터 맥그래스, 『복음주의와 기독교적 지성』(IVP, 2001) 그리고 김선일, 『전도의 유산: 오래된 복음의 미래』(SFC, 2014)가 추천할 만한 책이다.

서로 중첩되어 있다는 점에 주목해야 한다. 기성 교회에 대한 불만이 교회라는 틀에 대한 부정적인 인식을 강화할 가능성이 높기 때문이다. 따라서 현실 교회에 대한 갱신 노력이 두 번째 유형에 속한 사람들을 교회로 돌아오게 하기는 어렵다고 해도 이 유형에 속한 사람들의 증가를 방지하거나 약화할 수 있다. 다음 장에서는 이들을 심층 면접한 내용을 분석하여 가나안 성도들의 실체에 한걸음 더 가까이 가 보도록 하겠다.

# 3
# 강요받는 신앙

모든 말에는 문법이 있다. 그러나 모국어를 배울 때 문법을 먼저 배우는 사람은 없다. 그럼에도 불구하고 대부분의 사람들은 문법에 어긋나지 않게 언어를 구사하며 살아간다. 다시 말해서 언어에는 우리가 평상시에는 의식하지 못하는, 문법이라는 일정한 규칙이 존재한다. 마찬가지로 문화에도 문법과 같은 규칙들이 존재한다. 한 문화 안에서만 생활하는 사람들은 그 문화의 규칙들을 의식하지 못하지만, 외국인과 같은 이방인들의 눈에는 매우 이상하게 보일 수도 있는 독특한 문화들이 사회마다 존재한다. 이것은 모든 하위문화(subculture)에도 적용되는데 우리의 신앙생활도 예외는 아니다. 세계 기독교와 구별되는 한국 기독교의 독특한 특징들이 있다. 또한 한국 기독교 안에서도 다양한 하위문화에 따라 그 독특성이 존재한다.

이번 장에서는 이러한 관점에서 가나안 성도들의 신앙적 특징을 살펴보고자 한다. 38명의 가나안 성도들을 심층 면접한 결과를 토대로 다른 기독교인들과는 구별되는 그들의 신앙적 문법을 분명하게 드러낼 것이다. 그것은 가나안 성도들의 신앙관을 이해하는 데 도움이 될 뿐만 아니라 기성 교회에 대한 이들의 불만과 이들이 교회를 떠난 이유를 파악하는 데도 유용한 단서를 제공한다. 3-5장의 내용은 앞장에서 살펴본 유형 중 주로 첫 번째 유형에 해당하는 내용이고, 6장은 주로 두 번째 유형에 해당하는 내용이라고 생각하면 된다.

### '구원의 확신'이 폭력적이다?

가나안 성도가 되는 요인으로 주목되는 첫 번째는 1장에서도 보았듯이 '강요받는 신앙'에 대한 부담이다. 신앙은 개인의 믿음과 관련된 것이라 강요하거나 주입한다고 해서 형성되는 것이 아니다. 하지만 우리 사회에서는 이러한 신앙의 문제에도 집단주의적인 요소가 작용하는 경우가 많다. 자신의 신앙을 다른 사람에게 강요한다든지 자신과 같은 신앙을 갖지 않는 사람들을 인정하지 않는 듯한 태도를 취하는 것이다.

그렇다고 해서 인터뷰에서 만난 사람들이 기독교 신앙에 친숙하지 않은 초신자들이었던 것은 아니다. 오히려 면접자 중 절반에 가까운 18명이 모태 신앙이었고, 대다수가 어린 시절부터 신앙생활을 해 온 사람들이었다. 그들은 기독교에 익숙한 환경에서 자랐음에도 신앙을 강요받는 것을 매우 힘들어했다.

특히 이들은 기독교 신앙의 핵심이라고 할 수 있는 이른바 '구원의 확신'에 대해서도 강요받는다고 생각했다. 복음주의적인 교회에서 '구원의 확신'은 기독교 신앙의 가장 기본적인 조건으로 여긴다. 기독교인으로서의 정체성을 확인할 때 가장 많이 언급하는 주제가 '구원의 확신'이고, 그것은 교회의 제자 훈련 프로그램 첫 단계에서 거의 빠짐없이 다루는 주제이기도 하다. 가나안 성도들은 구원의 확신을 요구하는 것에 대해 매우 큰 부담을 느꼈고, 심지어는 그런 태도가 '폭력적'이라고 표현하기도 하였다.

나는 면접 조사를 진행하면서 이것이 매우 민감하고도 다루기 어려운 문제라는 것을 알게 되었다. '구원의 확신'이라는 말을 듣자마자 사람들은 아주 예민하게 반응하면서 나를 매우 '무례한' 사람 취급을 하는 경우가 적지 않았기 때문이다.

최근에 교회를 옮긴 한 50대 남성은 어려서부터 교회에 다녔음에도 새 교회에 나가면서 새신자 교육을 다시 받아야 했다고 말했다. 그때 마침 다루는 주제가 '구원의 확신'이었는데, 교육을 마치면서 전도사가 지금 구원의 확신이 없는 사람은 손을 들어보라고 했다. 그는 하나님을 믿고 예수님이 십자가에서 돌아가신 것도 믿지만, 뭔가 감정적인 확신이 생기지 않아서 슬그머니 손을 들었다. 그에게 남으라고 한 전도사는 20여 분간 그를 붙잡고 왜 확신이 없냐고 다그쳤다. 그래서 성경 말씀을 다 믿지만 뭔가 감정적인 확신이 없다고 대답했다. 그 후로 도무지 끝나지 않을 것 같은 논쟁이 이어졌다. 포기하는 심정으로 이제 확신이 있는 것 같다고 말한 다음에야 그는 집으로 돌아올 수 있었다. 이것은 어쩌면 우리 주변에서 흔히 볼 수 있는 새신자 교육 과정의 모습이다.

모태 신앙이며 유명 대기업에 다니고 있는 40대 남성 혁진 씨는 대학 시절까지만 해도 선교 단체 활동을 열심히 하며 전도사라고 불릴 정도로 신앙심이 깊었다. 교회에 다니면서 술, 담배를 끊을 만큼 신앙에 대한 열정이 있었고, 미국에서에도 교회에 빠지지 않고 열심히 다녔다. 그런데 한국에 돌아와서는 서울의 유명 교회를 다니다가 결국 더 이상 교회에 나가지 않게 되었다. 찬송하면서 눈물을 흘리기도 하고 소그룹 모임에서 치유되는 경험도 하였지만, 어느 순간 그런 것이 의미 없게 느껴지기 시작했다.

그러다 결혼할 아내를 만났는데 아내 역시 기독교 집안에서 자랐지만, 이미 교회에 출석하지 않는 상태였다. 장로 집안에서 자란 아내에게는 독실한 기독교인 언니가 있었다. 그런데 동생의 인생 멘토이기도 한 언니가 그만 젊은 나이에 암으로 세상을 떠나고 말았다. 동생은 하나님께 열심히 기도하며 매달려 보았지만, 언니는 끝내 숨을 거두었다. 이때부터 그의 아내는 교회에 안 나가기 시작했다.

결혼 전 두 집안이 상견례를 하는데, 양쪽 집안 다 아버지가 일찍 돌아가셔서 홀로 자리에 나와야 했던 어머니들이 처음에는 무척 어색해하셨다. 그러나 양가 어머니들은 서로 교회에 열심히 다니는 것을 알고는 마음이 편해져 쉽게 마음의 벽을 깰 수 있었다. 혁진 씨 어머니가 집에서 아이들이 교회를 안 다녀서 걱정이라고 푸념을 하다가 "교회를 안 나가면 개, 돼지지 그것들이 인간이에요?"라고 말했는데 장모님이 "아멘"이라고 답하셨다. 그날 교회에 안 나가던 혁진 씨 부부는 개, 돼지가 되었다.

혁진 씨에게 '구원의 확신'에 대해서 묻자 매우 불편해했다. 구원의 확신에 대한 문제는 하나님과 자신 사이의 문제인데 그것을 제3자가 확인하려 하고, 심지어 강요하려는 듯한 태도가 싫다고 말한다. 그것은 자신과 하나님과의 인격적인 경험과 관계에 대한 문제이고 스스로 정리된 생각을 가지고 있으면 된다는 입장이었다. 그는 구원의 확신은 함부로 다른 사람이 물어볼 수 있는 문제도 아니고, 그런 질문을 하는 사람에게 "네, 있어요"라고 말할 만한 성질의 문제도 아니라고 말했다. 흔히 구원의 확신 문제를 거론하는 사람들의 태도는 마치 기계에다가 데이터를 때려 넣고 딱 찍히는 것만을 정답으로 인정하는 듯하다. 그런데 인간은 일률적으로 데이터를 입력 받고 정해진 답을 토해내는 기계가 아니지 않는가? 그래서 자꾸 누군가 그에게 "구원의 확신이 있습니까?"라고 물으면, 지하철역에서 "도를 아십니까?"라고 묻는 사람들과 똑같은 느낌을 받는다고 말한다.

그렇다면 이제 혁진 씨는 더 이상 기독교인이 아닌 것일까? 그렇지 않다. 그는 자신을 기독교인으로 규정한다. 새로운 대안을 찾을 수 있고, 자신이 궁금해 하는 부분에 대해서 교회가 답을 줄 수 있다면 언제든 교회에 나갈 수 있다는 것이다. 그러나 안타깝게도 그런 교회를 아직 찾지 못했다고 한다. 그렇다면 혁진 씨가 생각하는 기독교인은 어떤 사람일까? 그의 이야기를 들어보자.

최소한 하나님의 존재에 대한 믿음은 있어야 해요. 나를 창조한 분이 하나님이라는 믿음은 있어야죠. 단세포인 아메바가 진화해서 다세포가 되고 그것이 인간이 된 것이 아니라 하나님이 그분의 형상을 따라 인간을 만들었다는 믿음은 반드시 있어야 해요. 하나님에 의해 창조되었다는 것이 인간의 정체성을 규정하죠. 거기서부터 출발해서 항상 하나님과의 관계를 만들어 나가려고 노력하고, 인생 전반에 걸쳐서 하나님과 동행하며 인생의 지표와 갈 길에 대해서 항상 하나님께 묻고 답을 찾으려고 노력해야 한다고 생각해요. 그런 커뮤니케이션을 유지해 나가면서 평생 살아가는 것이 기독교인이라고 생각해요. 교회를 나가고 안 나가는 것은 중요한 문제는 아니죠.

그는 구원의 확신에 대해서는 분명한 답을 들려주지 않았고, 현재 교회에 나가지도 않지만, 우리는 그가 기독교인이 아니라고 말할 수 없다.

또 다른 모태 신앙인이자 30대 남성 사업가인 동석 씨는 3대째 기독교 집안인 환경에서 태어났다. 그리고 신학에도 관심이 많아 기독교 원전 연구원도 다녔고, 신학생으로 오해받을 만큼 신학과 강의도 많이 들었으며, 유명 목사들의 강해서도 탐독하였다. 그는 유명 대형 교회에 다니면서 다양한 프로그램에 참여했고 여러 기독교 단체에서도 활동할 정도로 기독교 진리에 대한 관심이 남달랐다. 동석 씨는 구원의 확신에 대해서 어떻게 생각하느냐는 물음에 도리어 "기독교가 최고의 진리라는 것을 논리적이고, 이성적이고, 누구에게나 보편타당하게 받아들일 수 있도록 증명하실 수 있습니까?"라고 반문하면서 다음과 같이 말하였다.

기독교가 최고 진리라는 것을 증명할 수가 없음에도 이 문제에 대해 교회가 취하는 태도는 거의 정신적 폭력을 휘두르는 것에 가깝다고 생각해요. 기독교가 아니면 다 사탄이잖아요. 부처도 사탄이고 이슬람도 사탄이고 모든 것이 다 사탄이잖아요. 모든 가르침이 사탄의 계교잖아요. 그렇게 배우고, 그렇게 고백하지 않으면 구원받지 못한다는 그런 절대적 배타성…과연 그 배타적 언어가 어떤 의미를 지니는지에 관한 생각이 없고 조금이라도 이론(異論)을 내밀게 되면 사상적으로 난도질하는 종교. 그것이 과연 진리인지 저는 생각해 보게 돼요.

### 신앙의 획일화

동석 씨는 자신의 멘토였던 한 전도사가 어느 날, 그에게 했던 제안을 이야기한다. 그 전도사는 동석 씨가 성경에 대해 묻고 싶은 모든 질문과 궁금증에 답해 줄 테니 끝장 토론을 하자고 제안했다. 그래서 동석 씨는 밤새도록 그동안 누구에게도 묻지 못했던 마음속 질문들을 쏟아 놓았다. 그러나 그는 여전히 명쾌한 답을 얻지 못했다. 그는 예수님의 이름만 들어도 눈물을 흘리는 사람이 아니었다. 그렇다고 그런 자신이 신앙이 없다고 생각하지도 않았다. 그런데 교회에서 그런 감정을 강요하니까 가기 부담스러웠지만 계속해서 다른 교회를 찾아보려 했다. 그러다 그런 노력도 지치고 힘들어졌다. 그래서 이제는 예배 시간에 침묵을 고수하는 퀘이커교회를 찾아가 예배를 드리고 있다고 말한다.

일부 보수 개신교에서는 퀘이커교를 이단으로 여기기도 한다. 잘 알려진 대로 퀘이커교는 17세기 영국에서 일어난 신앙 운동인데, 이 교회를 시작한 조지 폭스(George Fox, 1624-1691)는 당시 영국 교회에 환멸을 느끼고 신의 직접 계시에 의존하게 되었다고 한다. 정적(靜寂) 속에서 하나님을 대망하며 깊은 내면적 체험에 의해 '내적인 빛'을 받아 거기에서 구원을 찾는 것을 지향한다. 그래서 이들은 예배 때 침묵을 지키며 성령이 내리기를 기다리다가 누구든지 그 자리에서 성령이 내리면 일어나서 받은 영감을 말한다. 일종의 직통 계시를 중시하는 신비주의 경향과 성례전을 하지 않는 점 등을 일부 보수 교회들이 문제 삼는 것이다.

한국의 대표적인 퀘이커교인으로 함석헌 선생이 있는데, 그는 1960년 이후 퀘이커교 한국 대표로서 활발한 활동을 벌였다. 함석헌은 본래 장로교 신자였으나 일본에 건너가 우치무라 간조(內村鑑三, 1861-1930)의 영향을 받아 무교회주의자가 되었다가 사회에 대한 그들의 소극적인 신앙 태도에 만족하지 못하고 퀘이커교인이 된 것으로 알려졌다. 그러나 넓게는 퀘이커교도 무교회주의에 포함되는 것으로 보기도 하는데, 앞장에서 살펴본 대로 함석헌 선생이 '가나안'이라는 말을 언급했다는 점은 매우 흥미롭게 여겨진다. 오늘날의 가나안 성도를 무교회주의와 연결시켜 볼 수도 있기 때문이다. 그러나 앞장에서도 살펴본 대로, 가나안 성도들은 현실 교회에 불만을 가진 것이고 교회로 돌아가고 싶은 마음도 적지 않기 때문에 이들을 제도 교회 자체를 거부하는 무교회주의자라고 단정하기는 어렵다.

동석 씨의 이야기로 돌아가 보자. 그는 일방적인 선포를 하는 기성 교회의 설교와 달리 말이 없는 퀘이커교의 예배 방식이 편해서 그들의 예배에 참석하고 있다고 말했다. 한국 교계에서 퀘이커교에 대한 이단 시비가 있는 것을 그는 이해할 수 없다. 리처드 포스터의 책은 잘 팔리고 베스트셀러가 되는데 퀘이커교가 이단이라면 그가 퀘이커 교도라는 것이 왜 문제가 되지 않느냐는 것이다. 리처드 포스터는 교회 부흥을 위한 여러 사역들을 활발하게 전개하고 있는 '레노바레'(Renovare)의 설립자이며, 현대 기독교 영성에 독보적인 영향을 미치는 이 시대 최고의 영성 신학자로 알려져 있다. 실제로 그의 책은 우리나라 유수의 기독교 출판사 여러 곳에서 번역되었으며 그중 몇 권은 스테디셀러로 널리 읽히고 있다. 동석 씨는 이러한 현실을 이해할 수 없다는 것이다.

마찬가지로 기성 교회는 뉴에이지에 대해서도 제대로 알지 못하면서 마구잡이로 사탄의 운동이라고 비난하고, 쉽게 편을 갈라 우리 편이 아니면 적이고, 사탄이라고 정죄한다. 동석 씨는 그것이 과연 기독교 진리냐고 묻는다. 교회 가면 복을 받고, 건축 헌금을 하면 복을 받는다고 생각한다면 기독교의 신앙 자체가 중요한 게 아니지 않은가. 그는 진정으로 영적인 의미들을 이해할 수 있는 예배 의식이 필요하다고 생각한다. 그리고 그런 것을 구현해 내는 교회에 가고 싶다고 한다.

농경문화에 뿌리를 두고 가족 중심의 집단주의에 익숙해진 우리 사회는 오래전부터 행위의 기준을 자신에게 두기보다는 자기가 소속된 집단에 두어 왔다. 그러면서 자신이 속한 집단 안에 있는 사람들의 눈을 의식하고 다수의 의견에서 벗어나지 않도록 신경을 쓰는 습성을 갖게 되었다. 강한 일체감과 소속감을 갖는 공동체에서 개인은 '나'와 '공동체'를 구분하지 못하고 자기가 소속된 공동체로부터 미분화된 생활을 영위해 온 것이다. 그러므로 행위의 기준도 개인 자신에 두기보다는 오히려 자신이 속해 있는 공동체에 두는 경향이 강하다. 우리가 흔히 듣는 "모난 돌이 정 맞는다"라는 말은 옳고 그름을 따지기보다 공동체의 분위기를 존중하고 따르도록 종용하는 말이다. 이러한 환경에서 다른 사람이 나와 다른 것을 자연스럽게 받아들이지 못하고 이상하게 여기며 거부감을 느끼게 되고 심지어는 적대하기에 이른다.

이러한 행동 유형이 신앙생활에도 영향을 미친다. 나와 다른 신앙관을 가진 사람들을 인정하지 않고 자신과 같은 부류 속으로 들어오기를 강요하는 것이다. 동석 씨의 이야기에서 보았듯이, 우리 기독교계에서는 이단 문제에 대해 지나치게 예민한 경우가 많다. 실제로 정통 교회에 해악을 끼치는 교파나 교리에 대해서는 엄격하게 대응할 필요가 있으나 지나친 편 가르기식 사고는 문제가 있다. 기성 교단에 도전이 된다고 생각하면 너무나 쉽게 이단 시비를 거는 경우도 있다.

최근에 논란이 일었던 교회 소그룹 모델 중에도 기존 교회의 전도회 모임과 갈등을 빚거나 오후 예배를 보지 않는다는 이유로 이단 시비에 휩싸인 경우가 있었다. 전도회나 오후 예배는 교회의 전통인데 이것을 위배한다는 이유였다. 그러나 지금은 적지 않은 교회의 전도회가 유명무실해졌으며 오후 예배를 드리지 않는 교회도 많기 때문에 이런 논란 자체가 무의미해졌다. 그리고 이미 20-30년 전에도 몇몇 선교 단체 회원들이 기성 교회에서 예배를 드리지 않고 자기들끼리 예배를 드려 이단 시비가 일기도 했다. 심지어는 제자 훈련 초창기에 당시 교회에서 쓰지 않던 '훈련'이라는 단어를 쓰며 독특한 방식으로 교육을 하는 단체들에 이단이 아니냐는 의혹의 눈초리를 보내기도 했었다. 그러나 지금은 대부분의 교회에서 제자 훈련이 보편화되었다.

교회에서 쓰는 악기와 관련해서도 한때 비슷한 논란이 일었다. 20-30년 전에 교회에서 기타를 치는 것은 엄격하게 금기시되었다. 세상 음악을 연주하는 세속적인 악기를 교회당에서 사용할 수 없다는 것이었다. 그러나 지금 그런 이유로 기타를 치지 못하게 하는 경우는 거의 없으며 전자 기타도 자유롭게 사용하고 심지어는 드럼 세트가 강단 위에 설치되어 있는 교회도 적지 않다. 지금은 교회당의 필수 악기로 여겨지던 피아노도 초창기에는 너무 경박하다는 이유로 예배당에 들이는 것조차 어려웠고, 오르간도 술집에서 쓰는 악기라는 이유로 심한 반대에 부딪혔었다.

이런 점에서 전통적인 사고와 '정통'은 구별해야 한다. 기존의 것을 정통과 혼동하여 이와 다른 것을 이단시하는 것은 지나치게 편협한 사고다. 자신과 다른 생각을 가진 사람들을 반대하기 위하여 이단 시비를 거는 것은 교회 안에서 다양한 생각이 어울리는 것을 저해한다. 작년에 프란치스코 교황이 한국을 방문했을 때에도 개신교계 내에서 크고 작은 논쟁들이 있었다. SNS에서는 자신과 다른 생각을 가진 사람들을 이단시하면서 인신공격성 글과 욕설에 가까운 비방 글을 단 사람들이 여럿 있었고, 그중에는 목사도 포함되었다. 자신만이 옳다고 생각하면서 자기와 다른 의견을 가진 사람들을 이단으로 모는 듯한 태도를 누가 바람직하게 볼 수 있을까?

## 헌금 강요

신앙에 대한 강요 외에 가나안 성도가 겪는 어려움 중 하나는 물질에 대한 강요, 곧 헌금 문제다. 헌금에 대한 강요는 한국 교회에서 자주 문제가 되고 있다. 앞장에서도 살펴본 바와 같이, 가나안 성도에 대한 설문 조사에서도 교회에 대한 불만으로서 헌금을 지나치게 강조했다는 점을 말하는 응답이 높게 나왔다. 이것은 면접 조사에서도 똑같이 확인할 수 있었다.

친가와 외가가 모두 3대째 기독교 집안인 40대 남성 우식 씨의 일가친척 중에는 목사가 많다. 우식 씨 부친도 목사였고, 할머니는 우식 씨도 목사가 되게 하겠다는 서원 기도를 드렸지만, 우식 씨는 문화 예술가가 되었다. 우식 씨는 교회 안에서 여러 가지로 상처를 많이 받아서 교회를 떠나게 되었고, 지금은 주일에 가정 예배만 드리고 있다.

그는 고등학교 2학년 때 전도사님이나 목사님들이 한창 헌금 얘기를 했던 것을 기억한다. 목사님은 설교 때 헌금을 100원만 집어넣은 아이가 있다고 나무라기도 하고, 헌금을 많이 하면 집이 두 채가 생긴다고 말하기도 하였다. 언젠가 저녁 예배 때 고등부 헌신 예배를 드렸는데 이런 설교 말씀에 화가 나 있던 그는 학생회 회장으로 대표 기도를 드리면서 "하나님이 진짜 원하시는 것은 돈이 아닙니다. 하나님은 돈의 액수를 따지는 분이 아니십니다"라고 기도했다. 성도들은 "아멘, 아멘" 하는데 헌신 예배가 끝난 후에 분위기가 좋지 않았다고 한다. 장로님은 그를 째려보고, 전도사님은 "우리 회장이 아직 어려서…"라고 말하며 모임을 정리하셨다고 한다. 그는 고등부 회장 임기가 끝난 당일로 교회를 옮겼다. 그때 받은 상처가 극복이 안 되었기 때문이다.

때로는 헌금 때문에 부부 사이에 불화가 생기기도 한다. 유명 대형 교회에 다녔던 40대 여성 대학교수 자영 씨가 들려준 이야기다.

이번에 교회를 지을 때 헌금 내는 문제로 제 친구가 거의 이혼할 뻔했어요. 서초동에 사는 그 친구가 경제적으로 어렵지는 않지만 그렇다고 의사나 변호사들처럼 큰 부자는 아니거든요. 그런데 그 구역이 그런 사람들로 구성이 되어 있는 거예요. 의사나 변호사들이 몇 천만 원씩 딱딱 내놓으니까 출판사를 운영하는 친구 남편이 자기가 감당도 못할 헌금을 작정한 거예요. 매월 300만 원씩이요. 부인과 상의도 안 하고. 제 친구도 수의사라 수입이 괜찮지만 매달 300만 원을 뺀다는 것은 쉽지 않은 일이거든요. 굉장히 난리가 난 거예요. 그래서 그 문제를 목사님께도 말씀드렸는데 결국은 해결이 안 되었어요. 이 친구 남편이 그전에도 몇 번 그런 일이 있었는데, 구역 분위기에 휩쓸려서 자기가 어렵다는 얘기를 못하는 거예요.

교회에서 헌금을 강조하는 것은 종종 교회당 건축과 관련이 있다. 지금도 무리해서 건물을 건축하는 일이 적지 않지만, 한국 교회의 건물에 대한 애착은 유별나다. 단독 건물, 그것도 웅장하거나 화려한 건물을 갖는 것이 교회 구성의 필수 요건이 아님에도 많은 교회들이 교회당 중심의 사고에서 벗어나지 못하고 있다.

식당업을 하고 있는 40대 은희 씨는 교회당 건축과 관련해서 특별한 경험담을 들려주었다. 은희 씨가 다니던 교회가 처음 건축을 한 건 고등학교 1학년 때였다. 학생들도 모두 교회당 건축에 동참했는데 학생들은 돈이 없으니까 벽돌이나 시멘트를 날라서 건축에 동참을 했다. 고3이 되었을 때 담임 목사님이 건축 헌금에 대해서 각자 서원을 하라는 말씀을 하셨다. 은희 씨는 내년이면 학교를 졸업하니까 50만 원은 헌금할 수 있을 것으로 생각해서 50만 원을 서원했다. 그러고는 돈을 벌기 위해 대학을 포기하고 직장을 얻으려고 대전으로 내려갔다.

결혼 후 3년 동안 개인적인 문제 때문에 교회를 떠나 있다가, 얼마 전에 다시 나가게 된 교회는 교인이 20명 정도 되는 개척 교회였다. 교회 목사님은 연세가 굉장히 많으셨는데 50이 넘어서 신학을 공부하고 전도사로 그 교회를 개척하셨다고 한다. 지하 예배당에서 개척을 했는데 지상으로 올라가는 것을 제목으로 매일 기도를 드렸다. 40일 새벽 기도, 9시 철야 기도를 수시로 반복했다. 성도들은 매일 기쁜 마음으로 기도했고, 결국 100평 정도의 상가 건물로 올라갈 기회가 생겼다. 매매가는 4억이었는데, 교인들이 많지 않아서 자금을 마련하기가 쉽지 않았다. 그러자 목사님은 강단에서 헌금을 강조하기 시작하였고, 강사를 초청해서 헌금을 강조하는 설교를 부탁하기도 하였다. 교회가 현실적으로 건축비를 감당하기 어렵다고 생각한 은희 씨는 목사님에게 교회 건물을 포기하는 것이 어떠냐고 제안했다. 그러나 목사님은 계속 이런 말만 되풀이하셨다. "하나님의 성전은 하나님이 주셨을 때 기회를 잡고 앞으로 전진해 나가야지 절대 후퇴할 수는 없다." 2년째 되던 해에 은희 씨는 더 교회를 다닐 수 없다고 말하고는 교회를 나왔다.

50대 주부인 옥희 씨 역시 교회를 떠나게 된 결정적인 계기가 건축 헌금과 관련이 있다. 교회 목사님이 학교를 세운다면서 200명밖에 안 되는 교인들에게 헌금을 강요하고, 땅을 담보로 대출을 받겠다고 장로들에게 도장을 가져오라고 한 것이다. 그래서 결국 분란이 일었다.

옥희 씨는 교인들이 양쪽으로 갈려서 싸우는 것을 보면서 예배당이라는 건물에 교회 명패만 있지 여기가 교회인가 하는 생각이 들었다. 전에 다녔던 교회에서도 마찬가지였지만, 목사들은 한결같이 예수님의 이름으로 축복 받고, 잘살고, 성공하고, 헌금을 많이 내면 하나님이 갚아 주신다는 설교를 하였다. 그러나 목사만 탓할 것이 아니었다. 따지고 보면 교인들도 그것을 원했다. 그런데 주위 사람들은 그런 것을 심각한 문제로 못 느끼는 것 같았다. 그래도 교회는 다녀야지 하는 생각으로 신앙생활을 유지하는 듯한 이들이 많았는데, 점점 떠도는 교인이 늘게 되고, 결국 그 교회는 교인이 50명도 안 남게 되었다.

최근 대형 교회들의 무리한 교회당 건축이 문제가 되고 있지만, 이는 대형 교회만의 문제가 아니라 거의 모든 교회의 문제다. 은희 씨의 이야기에서 전형적인 사례를 볼 수 있는데, 많은 교회가 재정 형편상 지하 예배당에서 개척을 한다. 그러다 지상으로 올라가기를 꿈꾸고, 그다음에는 단독 건물을 갖기를 꿈꾼다. 단독 건물을 가진 다음에는 교육관, 비전센터, 수련관 그리고 부활동산(교회 묘지)에 이르기까지 한국 교회의 부동산 사랑은 끝이 없다. 대부분의 교회 지도자들과 교인들은 건축이 곧 하나님의 뜻이라는 믿음을 가지고 있고, 심지어 신약 시대인 현대의 교회당에 구약 시대의 의미를 부여하여 '성전'이라고 부르는 걸 당연하게 여긴다. 그리하여 성전을 건축하기 위해 무리한 계획을 세우고 1년 재정의 세 배에서 다섯 배에 이르는 자금을 대출하면서까지 건축을 시도하는 것이다.

그나마 교회 성장기에는 이렇게 무리한 건축이라도 감당할 여력이 있었으나 교인 규모가 감소세로 돌아선 요즘에는 이를 감당하지 못해 부도를 내는 교회도 상당수에 이르고 있다. 교회 경매 건수가 최근 5년 사이에 300건 이상으로 70퍼센트 이상 급증했다는 보도가 있다. 그럼에도 건축에 대해서 다른 목소리를 내면 하나님의 뜻을 거스르는 것이라고 정죄하듯 말한다. 그뿐 아니라 건축 과정에서도 편법과 불법에 가까운 방법까지 동원하여 교회 안에 분열을 일으키는 경우가 비일비재하다.

건설업을 하는 김수철 장로(50대)는 직업과의 관련성 때문에 재정위원장 겸 건축위원장을 맡아 교회당 건축의 실무를 맡았는데, 담임 목사가 교회 재정을 불투명하게 사용하고 건축 전문가인 자신의 의견을 무시하고 자신의 지인들에게 특혜를 주어 일을 맡기는 것을 견딜 수 없어 교회를 떠났다고 말한다. 면접에서 만난 가나안 성도들 38명 중에서 절반 가까이가 교회 건축과 관련된 언급을 하였는데 대부분이 이와 같이 부정적인 내용들이었다.

이제 교회 건물 건축에 대해서 진지하게 돌아보아야 한다. 건물은 교회의 구성 요소 중 핵심 요소가 아니다. 신약의 초대교회는 건물이 없는 가정 교회 형태였고, 이것은 한국 교회 역사에서도 마찬가지였다. 교회 건물은 교회의 제도화와 함께 3세기 이후에나 등장하고 이후 교권화라고 하는 부정적인 경향도 발전하였다. 그럼에도 한국 교회가 건물 중심의 목회와 신앙생활을 따르려는 것이 문제다. 한국에서 초기 교회는 건물이 없이 양반집 가옥에서 모였다. 여성은 안방에서, 남성은 사랑방에서 따로 모이다가 ㄱ자 모양의 교회 가옥이 건축되면서 처음으로 남성과 여성이 함께 교회 건물 안에서 모이기 시작했다. 그리고 초기 교회 건물에는 간판에 '교회당'이라고 표기했으나 언제부터인가 '당' 자가 슬그머니 사라졌다. 교회는 믿는 이들의 공동체로 사람이 곧 교회지만 언제부터인가 건물이 공동체를 대신하게 된 것이다. 가나안 성도들은 이러한 건물 중심의 신앙생활에 상당한 거부감을 가지고 있었다.

# 4
## 소통의 단절

**속내를 털어놓을 수 없는 교회 분위기**

가나안 성도가 되는 첫 번째 이유로 지목된 것은 신앙의 강요였다. 그런데 이러한 신앙의 강요는 신앙 공동체에서조차 소통을 가로막고 있다. 신앙에 대한 생각이나 관점은 사람마다 다를 수 있고 공동체에 따라 다를 수 있다. 그것이 같은 기독교 안에서도 다양한 교단과 교파가 존재하는 이유다. 그러나 우리네 기독교 안에서 이러한 차이는 인정되지 않고 오히려 차별을 낳으며, 나와 다른 신앙을 가진 사람들 또는 신앙에 대해 질문을 하거나 의문을 품는 사람들을 용납하지 못하는 풍토를 만들고 있다. 목회자의 말에 무조건 복종해야 하고 거기에 질문할 수 없으며, 교인들 사이에서도 신앙에 대해 근본적인 질문을 하는 것을 받아들이지 못하는 것이다.

앞장에서 언급한 혁진 씨는 어떤 문제에 부딪힐 때 항상 "왜?"라는 질문을 통해서 답을 찾아 나가는 유형이다. 그런데 교회 안에서는 어느 순간엔가 딱 벽에 부딪혀서 더 이상 나갈 수 없었다. 그는 그런 현실에 큰 실망을 느꼈다고 한다. 그는 자신이 멘토로 삼았던 선교사와 대화하던 중에도 마지막에 이르러서는 이런 답을 들었다. "이것은 믿을 수밖에 없는 것이다. 여기서 더 이상 '왜'라는 것은 없다. 이것은 네 스스로 믿어야 되는 것이고 종교의 본질은 결국 믿음이다. 신앙적인 체험을 통해서, 어떤 영적 체험을 통해서 이 마지막 부분을 믿는 수밖에 없다. 그러면 실마리가 풀리듯, 모든 것들이 다 풀릴 것이다." 그는 그런 식의 대답에 대해서 일종의 배신감을 느꼈다고 말한다. 대화를 시작했을 때에는 "왜"라는 질문을 계속 던질 수 있고, 그런 접근으로 답을 얻을 수 있을 것이라고 서로 합의를 하였지만, 마지막 순간에는 결국 정해진 답을 강요받은 것이다. "믿을 수밖에 없어. 종교가 그런 것 아냐? 종교가 논문을 쓰는 것이 아닌데 어떻게 논리로 정형화된 결론을 얻을 수 있겠니? 이제 네가 믿을 수밖에 없는 순간이야." 자신이 신뢰하던 사람조차 종교에 대해서는 태도를 바꾸자 그는 크게 실망했다.

물론 신앙이 모든 면에서 합리적으로 설명되는 것은 아니다. 문제는 신앙 자체를 감정적인 것으로 이해하고 항상 확신에 차 있어야 한다고 생각하거나 신앙과 관련하여 의문을 제기하거나 동의하지 않는 사람들을 신앙이 없는 사람으로 판단하는 분위기로 이어진다는 점이다. 합리적으로 사고하기보다는 '덮어놓고' 믿는 신앙을 강조하는 것이다. 그래서 사회에서는 나름대로 전문적인 위치에 있는 사람이라도 교회 안에서는 그저 '아멘' 하며 묵묵히 순종한다. 그런 태도를 성도의 미덕으로 여기는 것이 한국 교회의 현실이다. 특히 이것이 실제 기독교의 핵심 문제인 구원의 문제와 관련될 때는 억압적인 분위기가 더 강해진다. 동석 씨는 기독교 신앙에 대해 자신의 멘토들에게 얘기했다가 겪은 황망한 경험담을 전해 준다.

군대 가기 전에 제 멘토 선생님들에게 질문을 드렸어요. 기독교가 최고 진리임을 어떻게 증거해 주실 수 있는지 물었어요. 세 분이 앉아 계셨는데 다 보수적인 분들이었죠. 그분들이 저를 쥐 잡듯이 잡았어요. "너는 진정한 신앙인이 아니다. 너에게 있었던 구원의 확신이 다 어디 갔냐?"라고 다그쳤어요. 그런데 저는 '질문하지 못하게 하는 기독교는 도대체 어떤 기독교인가?' 하는 생각뿐이었어요.

어려서부터 교회에 다녔고, 유명 기독교 대학을 졸업한 윤재(30대 취업준비생) 씨가 생각하는 교회는 서로 의견이 다르고 신앙관이 다른 사람들이 모여서 공동체를 이루어 가는 공간이다. 그러나 실제로 그가 경험하는 교회는 그렇지 않다고 느낀다. 그는 교회에서 부흥회와 통성 기도를 할 때 오히려 소통의 부재를 느낀다고 이야기한다.

저는 전형적인 우리나라 부흥회 분위기 그 자체가 불편해요. 너무 분위기를 띄우려고 한다는 점도 그렇고, 부흥회 설교도 대부분 개인의 희생이나, 결단 같은 걸 이야기해요. 소위 영적인 문제들을 자꾸 개인의 문제로 강조하는 경향이 불편했어요. 그리고 통성 기도라는 형태도 마찬가지예요. 통성 기도를 할 때는 내가 무슨 말을 하는지도 모르겠어요. 저는 조용한 공간에서 혼자 나지막하게 얘기를 하든지 묵상을 하든지 그런 편안한 분위기를 좋아하는데 이상하게도 통성 기도를 하면 점점 기도가 별 의미가 없다는 생각이 들어요. 힘만 들고 내가 하려던 이야기들은 자꾸 까먹게 되는 그런 희한한 기도라는 느낌이 굳어져 갔어요.

통성 기도는 기독교가 먼저 발달한 서양 교회에서는 좀처럼 찾아보기 힘든 한국 교회의 독특한 기도 형태로 영어로도 Korean style prayer라고 표현할 정도다. 한 심리학자는 이에 대해 심리적인 긴장을 풀어 버리는 일종의 집단 의례로서 서구 기독교인들이 이해하지 못하는 우리식의 '단체 활동'이라고 표현한 바 있다. 기도는 하나님과 나와의 일대일 대화인데, 집단주의식 우리 문화 속에서 기도마저도 일종의 집단행동의 성격을 띠게 되었다는 것이다. 흔히 우리 주변에서는 기도라고 하면 곧 간구하며 매달리는 것이라고 생각한다. 내 기도로 '하늘 보좌를 움직이고' 결국에는 내 뜻을 하나님께 관철시키려는 노력으로 기도를 이해하는 것이다.

이와 관련하여, 기도의 사람으로 널리 알려진 링컨에 대한 유명한 일화가 있다. 미국에서 남북 전쟁이 일어났을 때 신자 몇 명이 링컨을 위로하면서, "염려하지 마십시오. 이 전쟁 동안 하나님이 우리 편에 계신 줄로 믿습니다"라고 말했다. 그러자 링컨은 이렇게 대답했다. "내가 염려하는 것은 하나님이 우리 편에 계시지 않음이 아니고 혹시 우리가 하나님 편에 있지 않은 것은 아닌지 하는 점입니다." 내 뜻을 이루기 위해 기도하고 성경 말씀도 내 뜻대로 해석하는 우리네 신앙생활을 되돌아볼 만한 대목이다.

윤재 씨는, 교회는 단순히 사람들 사이의 연결이 아니라 서로 의지할 수 있고, 신뢰할 수 있는 공동체여야 한다고 생각한다. 목사님이 '이거다'라고 결론을 내는 방식이 아니라 신앙이라는 주제를 놓고 함께 심각하게 고민하고 서로의 의견을 조정할 수 있는 기능을 할 수 있어야 한다고 생각한다. 하지만 현실의 교회는 그렇지 못하기 때문에 교회라는 이름으로 모인 사람들을 만나는 것이 조심스러워진 것이다. 그래서 아직까지 교회를 나가지 않는다고 말하였다.

**일방적인 강단의 선포**

모태 신앙인이자 유명 기독교 대학을 나온 동진 씨(30대, 번역가)는 교회 안에서 소통의 부재와 관련하여 다음과 같은 이야기를 들려준다.

> 두 번째는 교회 내의 문제인데, 교회 안에서 의사를 결정하고 대화를 하는 방식이 너무 무원칙이라는 거죠. 그리고 교회 안 문제에 대해서든 밖에 대해서든 치열한 고민이 없어요. 교회에 대해서는 자기 뼈를 깎아내는 마음으로 고민하고 이야기를 해야 하잖아요. 그런 진지한 태도를 전제로 하는 만큼 다른 사람과 대화를 나눌 때는 서로 간에 경청과 소통이 있어야 되잖아요. 그리고 외부에 대해서 이야기할 때는 더 조심스럽고, 더 현명해야죠. 그런데 그런 것이 없이 그저 좋은 게 좋은 것이고, 안 되는 것의 이유로는 '덕이 안 된다'라는 뭐 그런 표현을 써요. '주의 종'이라는 표현도 불편해요. 담임 목사님을 중심으로 몇몇 목회자만 생각하면 되고 다른 사람들은 교회의 문제에 대해서 생각할 필요가 없다는 식의 이야기들 말이에요.

이런 이야기들은 가나안 성도들을 인터뷰하면서 자주 들은 내용이다. 앞 장에서 언급한 김수철 장로도 비슷한 이야기를 하였는데 다니던 교회 목사가 "내가 하나님을 대신하는 사람이다"라면서 자신을 신격화했다고 한다. 자신이 예수님을 대신해서 말씀을 전하는 사람이라는 사실을 강조하면서, 자신이 곧 예수님인 양 분위기를 끌고 갔다고 이야기한다.

한국 교회는 가톨릭과 개신교를 비교할 때마다 가톨릭이 교황을 우상화한다고 비판한다. 그러나 정작 개신교 목사들은 구약의 제사장과 자신을 자주 동일시한다. 그래서 교회는 성전이 되고, 헌금은 제물이 되는 것이다.

그러나 개신교 신앙은 성직자와 평신도를 뚜렷하게 구분하기보다는 모두가 하나님의 백성이고 거룩한 제사장이라는 입장을 견지한다. 모든 기독교인을 각자의 가치와 역할을 가지고 있는 소중하고 거룩한 존재로 여긴다. 물론 교인들은 목회에 대한 전문성을 갖추고 그들을 돌보는 역할을 하는 목사를 존중하고 그 권위를 인정하는 것이 당연하다. 그러나 신격화할 정도로 목회자가 권위적인 태도를 보이는 것은 바람직하지 않다.

특히 정치에 대한 목회자들의 태도는 심각한 물의를 빚고 있다. 대부분의 한국 교회에서는 정치 얘기를 금하고 있다. 그 이유는 교회 안에서 세상 얘기를 하는 것이 좋지 않다는 것이고, 더 큰 이유는 정치 얘기를 잘못 꺼냈다가 교인들 사이에 싸움이 나고 분란이 일어나기 쉽기 때문이다. 그러나 여기에도 예외가 있다. 바로 목회자와 목회자의 설교 말씀이다. 일반적으로 설교는 '케리그마'라는 신학 표현처럼 일방향의 선포라고 이해된다. 그래서 교회에서 설교 시간만큼은 어느 누구도 이의를 제기할 수 없고, 오로지 경청하고 수용해야 하는 시간으로 설교자에게 보장되어 있다. 이렇다 보니 종종 왜곡된 사회 인식으로 사회 문제나 정치 문제에 대해서 편향된 설교를 하는 경우가 있어서 물의를 빚곤 한다.

선거철마다 이러한 문제로 시끄러워지는 교회가 많다. 우리 역사에서는 세 번에 걸쳐서 장로 대통령이 나왔는데 그때마다 장로를 대통령으로 뽑아야 한다고 강단에서 선포되기 일쑤였다. 이에 대해 다른 의견을 가진 사람들은 신앙심을 의심받기도 하였다. 장로 대통령이 나와야 기독교에 유리한 정책을 펼칠 것이고, 그래야 전도의 문도 크게 열릴 것이라고 기대한 것이다. 그러나 역설적으로 장로 대통령이 나올 때마다 한국 교회는 큰 어려움을 겪었고, 교회 성장에도 전혀 도움이 되지 않았다. 최근에 있었던 지방 선거에서는 많은 교회 강단에서 박원순 후보를 '종북좌파'라며 절대로 찍으면 안 된다고 '선포'했지만, 박원순 후보는 젊은 층의 절대적인 지지를 업고 보궐 선거와 지방 선거에서 연이어 시장으로 당선되어 반대 설교를 한 목회자들을 당황케 하였다. 심지어 일부에서는 기독당을 만들어서 교회에 유리한 정책을 수립해 교회의 이익을 추구하자면서 기독교인들의 지지를 호소하기도 했다.

　몇 년 전에 있었던 한미 FTA와 미국산 쇠고기 수입으로 촉발된 촛불 집회는 한국 사회뿐만 아니라 한국 교회까지도 벌집 쑤시듯이 엉망으로 만들어 놓은 큰 사건이었다. 당시 촛불 집회의 발단은 '장로 대통령'의 정책 결정과 관련이 있었다. 그로 인해 한국 교회까지도 논란의 대상이 되었다. 뿐만 아니라 교회마다 촛불 집회에 대한 입장 차이로 교인들 사이에 갈등이 일어나기도 하였다. 어느 교회에서는 목사님이 "촛불 집회에 참가한 사람들은 유황불의 저주를 받을 것이다"라고 선포한 바람에 순수한 동기로 집회에 참가한 어느 가족이 다른 교인들로부터 심한 따돌림을 당했다. 또 촛불 집회를 비난하는 설교에 성가대 지휘자가 지휘봉을 집어던지고 밖으로 나가 버렸다는 교회 이야기도 들렸다. 학자들조차 한미 FTA나 촛불 집회에 대해 찬반 의견이 갈리고 있었음에도, 강단에서는 너무나 확신에 찬 말씀이 선포되었던 것이다.

인터뷰에서 만난 많은 사람들이 이러한 일방적인 설교에 반기를 들고 교회를 떠났다는 이야기를 들려주었다. 책의 첫 부분에 썼듯이, 경순 씨는 촛불 집회 당시에 이러한 일을 겪은 이후에 교회를 떠났다. 동석 씨도 중학교 때 장로인 김영삼 후보를 대통령으로 뽑아야 된다는 목사님의 이야기를 들었다. 그때부터 교회 다니는 것이 의미가 없다는 생각을 하게 되었다고 말한다. 모태 신앙인 김자영 교수 역시 비슷한 경험을 했다. 대형 교회 출신인 김 교수는 부모님들이 그 교회 개척 멤버였기에 교회의 역사와 함께 신앙생활을 해 온 가정에서 자랐다. 그러나 교회 목사의 정치적인 발언이 결정적인 계기가 되어 결국 교회를 떠났다.

어느 날부터인가 교회 목사가 강단에서 극우 성향의 정치적인 발언을 하기 시작했는데 이것이 김 교수에게는 '교회란 과연 무엇일까?'에 대해서 진지하게 고민하게 된 계기가 되었다. 신앙이나 하나님에 대해 의심하는 것은 아니지만, 목사 한 사람의 정치 성향에 따라 좌지우지되는 것이 과연 교회인가에 대해 깊은 회의감이 들었다. 10여 년 전부터 이 문제로 고민을 했지만, 그때는 교회를 떠날 생각을 전혀 하지 못했다. 어렸을 때부터 다녔던 교회이고, 부모님도 이 교회에서 신앙의 뿌리를 내렸고, 자신도 그 교회에서 성장했기 때문에 교회를 떠나기보다는 교회를 순수했던 처음 모습으로 되돌리고 싶었다. 그래서 그런 마음을 가진 사람들이 모여 생각을 모을 기회도 있었지만, 목회자가 없이 평신도들끼리 의견을 나누는 것은 별로 생산적이지 못했다. 한두 번 모여서 비판하는 것은 괜찮았지만, 1년, 2년이 지나 5년 동안 비판만 하고 있는 것은 굉장히 소모적인 일이었다.

그때부터 김 교수는 말씀이 좋다는 교회를 찾아다니기 시작했다. 그는 사실상 '젖동냥' 다닌 거나 마찬가지라고 표현한다. 본 교회에서 예배를 드렸지만, 마음에 충족이 되지 않았다. 그 허전함을 채우기 위해 이 교회, 저 교회 찾아다니게 된 것이다. 그러던 어느 날 교회 목사가 설교 중에 지나치게 보수적인 정치적 발언을 하자 교회 선배인 경제학 교수가 소리를 지르고 나가 버린 일이 일어났다. 그때 김 교수도 더 이상 참을 수 없어서 자리를 박차고 나갔다. 그 후로 마음속에 그리고 있는 교회, 정말 하나님이 기뻐하시는 교회를 찾아다니고 있다. 하지만 고민하는 시기가 길어지는 만큼 어느 한 교회를 찾아서 뿌리 내리기도 점점 더 어려워진다는 생각이 들고 있다.

이러한 모습은 이른바 미션 스쿨에서도 마찬가지로 나타난다. 동진 씨는 학생들에게 기독교 정신을 강제로 주입하려고 하는 학교의 교육 방식에 기독교인들조차 거부감을 느끼고, 비기독교인들 중에는 학업을 포기하는 경우도 있었다고 회고한다. 신입생 오리엔테이션을 하는데 교회에서 늘상 하던 것과 비슷한 분위기였다고 말한다. 거의 부흥회와 같은 분위기였다. 굉장히 뜨겁게 찬양도 하고, 통성 기도도 했는데, 신입생들에게 신앙적인 분위기를 만들기 위해서 더 그렇게 몰아간 것 같았다. 그때 "종교에 미친놈들!"이라고 비난하면서 집으로 가 버린 학생들이 꽤 있었다. 이런 분위기가 알려지면서 성적이 좋은 학생들이 이 학교에 지원하는 경우도 늘었지만, 반대로 이런 교회 문화에 익숙하지 않은 학생들은 못 버티고 학교를 떠나기도 했다. 동진 씨는 기성 교회가 기독교 안에 있는 풍성한 가능성들을 차단해 버리고 하나뿐인 목소리를 강요해 견디기 힘들어 결국 교회와 멀어졌다고 털어놓았다.

신학교도 이와 크게 다르지 않다. 인터뷰에서 만난 사람들 중에는 신학교 출신들이 더러 있었는데, 특히 보수 교단의 신학교를 나온 경우에 이러한 어려움을 토로하였다. 그 가운데 한 사람인 명기 씨는 2002년 촛불 집회에 참가했다가 큰 충격을 받았다. 신앙 여부와 상관없이 정의를 위해서 살아가고 있는 사람들, 어떤 종교인들보다도 숭고한 가치를 위해 살아가고 있는 사람들이 많이 있다는 데에 크게 놀랐다. 그런데 그 사람들 중에는 이른바 의식화된 성인들뿐만이 아니라 중학생이나 어린아이도 있었다. 이 일은 명기 씨의 신앙관에도 큰 전환점을 만들었다. 사회 문제에 관심을 갖게 되었고, 사회 선교를 열심히 하는 선교 단체에도 참여하게 되었다. 그러다가 학내 문제에 관심을 가지며 총학생회 선거에 후보로 출마하게 되었는데, 나름으로는 굉장히 경건했다고 생각했다. 그러나 학교는 그를 받아들이지 못하였다. 그리고 "너희는 사탄의 하수인들이다"라는 비난을 들으며 사퇴를 종용받았다. 그 일 후로는 더 이상 그 교단에 남아 있고 싶지 않아서 진보 교단의 신학대학원으로 진학했다.

이와 같이 최근 한국 교회가 극보수화되는 경향 때문에 많은 젊은이들이 교회로부터 등을 돌리고 있다는 얘기가 끊이지 않고 들리고 있다. 이것은 미국 교회에서도 이미 겪은 일인데, 로버트 퍼트넘(Robert D. Putnam)은 데이비드 캠벨(David E. Campbell)과 함께 쓴 『아메리칸 그레이스』(American Grace)에서 이 점을 지적하였다. 그는 미국에서 보수 성향 교회들의 세력이 강해지고 점점 정치적으로도 연관성을 가진다는 점을 주목하였다. 미국의 보수당인 공화당은 보수적 성향의 복음주의 교회와 정치, 사회적 공통 이슈를 공유하면서 점차 보수화되는 경향이 뚜렷해졌다. 퍼트넘은 이런 정치성에 대한 반발로 젊은 층이 교회를 이탈하는 경향이 있음을 강조한다. 미국의 종교 상황에 대하여 이렇게 설명한다. 미국에서는

1960년대의 사회 상황에 대한 반작용으로 전후 세대들이 기존의 사회문화를 지키기 위해서 보수적인 종교 신앙을 띠게 되었고, 복음주의 교회들이 부흥하기 시작하였다고 말한다. 또한 냉전시대의 반공의식과 애국심은 자연스럽게 교회의 정치성으로 이어져 정치적 보수성을 띠게 되었다. 그리고 1990-2000년대에는 교회의 정치적 보수화에 대한 반발로 교회를 떠나는 젊은 세대들이 급증했다. 그러면서 보수적인 복음주의 기독교인과 무종교인이 함께 증가하는 종교적인 양극화 경향을 띠게 되었다.[9]

앞에서도 살펴보았듯이, 한국 교회에서도 이런 이념적 양극화 조짐이 나타나고 있다. 우리 사회와 같이 편 가르기가 심한 사회에서는 보수주의자나 진보주의자라는 표현이 하나의 낙인처럼 작용하기도 한다. 기독교 신앙과 관련해서는 특히 근본주의가 논란의 대상이 되고 있다. 종교 신앙의 뿌리를 지키자는 뜻으로 보이는 근본주의는 보수와도 의미가 통한다. 의미상 부정적인 것과는 무관해 보이지만, 실제로는 매우 부정적인 의미로 사용되고 있다. 근본 뿌리를 지키자는 것은 매우 중요한 주장이지만 과거 사회에서나 통용될 논리를 오늘날에 그대로 적용하려 하기 때문에 매우 구태의연하고 사회 변화에 전혀 대응하지 못하는 태도로 여겨진다.

그러나 신앙의 순수성을 지키거나 신앙의 근본을 고수하는 것이 반드시 보수적이어야 할 필요는 없다. 대개 보수 신앙을 가진 사람들이 사회에 대한 태도나 실천에서도 보수성을 띠는 경우가 많지만 이것이 필연의 인과관계를 갖는 것은 아니기 때문이다. 오히려 진정한 보수주의자라면

---

9  로버트 퍼트넘·데이비드 캠벨, 『아메리칸 그레이스』(정태식 등 옮김, 페이퍼로드, 2013).

쉽사리 현실과 타협하려 하기보다는 세상을 변혁하려고 노력해야 한다. 순수한 신앙을 지키기 위해 신앙을 변질시키거나 왜곡하는 대신에 말이다. 그러나 우리 주변에서는 보수 신앙을 외치면서도 시류에 쉽게 편승하는 사람들, 진보 신앙을 주장하면서도 불의한 사회 질서와 삶의 조건에 대해서는 무관심한 사람들이 많다. 이는 진정한 보수도 진정한 진보도 아니다.

기독교 신앙은 단순히 보수나 진보로 단정 지을 수 없는 것이지만, 성경이라는 절대 진리를 품고 있기 때문에 이 절대 기준에 따라서 세상의 모든 것을 상대화하고 문제를 제기하게 된다. 어떤 것이 하나님의 뜻에 합당한지, 어떤 것이 성경의 정신에 부합하는지 끊임없이 질문을 던져야 한다. 어떠한 세상 문화나 정치권력, 심지어는 현실 교회에 대해서조차 그것이 성경의 뜻에 맞는지 질문할 수 있고 의문을 던질 수 있어야 한다.

신앙은 본질상 어떤 외부 환경과 조건에서도 흔들리지 않는 특징을 가지지만, 이것이 대화나 토론의 대상이 될 수 없다는 의미는 아니다. 어떠한 신앙도 독단이나 배타성을 넘어설 수 있어야 한다. 하나님의 뜻을 이해하고 이것을 실천하는 데에는 하나의 방법만 있는 것이 아니다. 또한 기독교 진리는 특정인이 독점할 수 있는 것이 아니다. 자신의 생각을 강요하고 윽박지르기보다는 합리적인 이성으로 대화하며 설득할 수 있어야 한다.

**소그룹에서의 나눔**

많은 한국 교회들이 다양한 형태로 소그룹 모임을 하고 있다. 전통적인 구역이나 속회부터 최근에는 셀 교회, G12, D12 그리고 가정교회에 이르기까지 그 종류도 매우 다양하다. 소그룹으로 모이는 이유는 여러 가지지만, 그중의 하나는 대규모 집회에서 나눌 수 없는 많은 이야기들을 작은 규모의 모임에서 얼굴을 맞대고 깊이 있게 나누기 위함이다. 그렇다면 이 소그룹 안에서는 얼마나 진솔한 이야기들이 오갈까? 소그룹은 대부분 목회자가 없이 일반 교인들끼리 모이기 때문에 보다 허심탄회한 이야기들을 나눌 수 있을 것으로 기대되지만, 가나안 성도들의 대답은 그리 긍정적이지만은 않다. 모태 신앙으로, 유명한 미션스쿨을 졸업하고 음악대학원 박사 과정에서 공부하고 있는 선철 씨는 소그룹 활동으로 널리 알려진 대형 교회에 다녔었다. 교회 대학부에서 소그룹 모임에 참여했으나 만족감은 그리 크지 않았다.

셀 모임을 하는데 말이 잘 통하지 않더라고요. 저는 본질적인 신앙의 대화를 나누고 싶은데 그런 것이 잘 안 되는 거예요. 너무 적용 중심인 것 같았어요. 아무래도 대학생들이나 청년들이기 때문에 그런 것 같기는 한데 자기 일상에서 성경 말씀을 어떻게 적용할까에 집중하다 보니까 좀 무리다 싶은 적용도 있었어요. 제가 좀 깊이 있는 얘기를 하려고 하면 분위기가 싸해지고 그런 것을 원하지 않는다는 느낌을 받았어요. 되짚어보면 뻔한 수준의 적용과 그저 기도를 열심히 하면 된다는 식이지요.

소그룹 안에서 나누는 이야기를 겉으로는 삶의 이야기라고 하지만 정작 마음속 깊은 고민이나 문제들은 결코 꺼내 놓지 못한다는 것이다. 역시 소그룹으로 유명한 또 다른 대형 교회에 다녔던 김자영 교수는 앞에서 살펴본 바와 같이 담임 목사와의 갈등으로 한동안 교회를 떠나 있다가 최근에야 한 교회에 출석하게 되었다. 그러나 정기적인 출석은 하고 있어도 마음 둘 곳이 없다고 말한다. 이것은 소그룹 안에서도 마찬가지다. 소그룹 안에서는 뜬구름 잡는 것 같은 이야기만 오간다. 정말 속마음을 이야기하지 못하는 답답함을 떨칠 수가 없다. 누군가를 붙들고 문제에 대해서 하소연하고 싶지만 소그룹 안에서는 그럴 수가 없고 오히려 차단되는 느낌이다. 그래서 결국 교회가 아닌 제3의 공간에 모여서야 속 깊은 이야기들을 나눌 수 있다.

김 교수는 교회가 이제는 '사교 클럽'이 돼 버렸기 때문에 더 이상 교회 본래의 역할을 수행하지 못하게 되었다고 말한다. 또한 소그룹 안에서 다른 사람에게 터놓기 어려운 아주 내밀한 이야기를 했을 때 그 이야기가 교회 전체로 왜곡되어서 퍼지기도 한다. 그리고 사람들이 자기 이야기에 대해서 쑥덕거리게 되면 결국 교회를 떠날 수밖에 없는 상황이 되어 버린다. 김 교수에 따르면, 사람들은 소그룹을 통해서 치유되기보다는 오히려 상처를 받는 일이 많다. 그래서 소그룹 활동 자체는 그냥 리더가 되기 위한 과정으로 전락해 버리고, 사람들 사이에서는 단지 어느 유명 교회의 리더라는 자부심을 느끼게 하는 심리적 보상 이외에는 아무 역할을 하지 못한다. 정작 나누어야 할 이야기들은 제3의 비공식적인 그룹을 통해 나누어진다. 소그룹 자체는 형식적인 모임으로 유지될 뿐이다.

이렇게 소그룹 모임이 형식적으로 흐르게 되면 소그룹 안에서 나누는 이야기는 다른 사람들에게 절대 불편함을 주지 않는 적정 수준의 이야기들로만 구성된다. 서로 적당하게 은혜 받을 만한 이야기만 나누고 부담이 될 만한 이야기는 스스로 삼가는 것이다. 모태 신앙인 명기 씨는 보수 교단의 신학교에서 학부 공부를 하고 지금은 진보 교단의 신학대학원으로 옮겨서 박사 과정에서 공부를 하고 있지만 교회에는 나가지 않는다. 그는 이러한 소그룹 활동이 마치 값비싼 유리그릇을 손에 들고 깨질까 봐 전전긍긍하는 모습으로 비쳐졌다고 말한다.

교회는 제게 마음의 고향 같지만 어떤 면에서는 교회에 대한 상처와 분노도 있어요. 재미있는 것은 그런 감정이 교회의 비리나 잘못 때문은 아니라는 거예요. 교회가 너무 정상적으로 굴러가는 그 일상이 너무나 답답하고 싫었어요. 교회에서 너무나 정상적인, 예를 들면 교회의 조직된 모습이라든지, 제자 훈련이라든지, 그 일상이 저는 견디기가 싫었던 거예요. [정해진 얘기 외에는] 다른 얘기를 할 수 없고, 다들 나약해져 버렸죠. 서로 상처받지 않을까 배려하는 사이에 정작 어떤 강한 얘기도 하지 못하는 그냥 그렇고 그런 모습이 오히려 더 견딜 수 없었어요. 제가 다녔던 교회는 다 건강한 교회였거든요. 재정적으로도 건강하고 교회도 민주적으로 운영되는 편이었는데 저는 그것보다 더 급진적인 어떤 것이 필요했던 것 같아요. 교회가 너무 지겨워져서 나오게 되었어요.

소그룹 안에서조차 마음속의 이야기를 꺼내 놓지 못한다니 참으로 안타까운 이야기다. 특히 문제 있는 교회였기 때문이 아니라 나름 건강한 교회였지만, 틀에 박힌 교회의 모습, 종교 사회학의 언어로 표현한다면 제도화된 모습에 싫증을 느꼈다는 점에서 더욱 심각한 문제의 단면을 보게 된다. 많은 교회들이 이른바 '선데이 크리스천'이 되지 않고 진정한 그리스도인이 되게 하기 위해서 소그룹을 운영하고, 보다 많은 교인들이 이 소그룹에 참여하도록 독려하고 있는데, 상당히 모범적이라고 알려진 교회에서조차 소그룹 운영이 겉돌고 있다는 맹점을 드러내는 것이다. 결국 교회의 입장에서는 소그룹은 운영할 수도, 하지 않을 수도 없는 '계륵' 같은 존재가 되고 있다. 이를 해결하기는 쉬운 일이 아니지만, 소그룹을 단순히 교인 관리 차원이 아니라 실제적인 돌봄과 나눔이 이루어질 수 있는 구조로의 전환이 절실하다. 이에 대해서는 10장에서 더 자세하게 논의하겠다.

교회는 스스로 공동체임을 표방하지만 그 공동체의 성격이 무엇이고 그것을 어떻게 이루어 가느냐 하는 것이 매우 중요하다. 개인을 무시하는 공동체는 진정한 의미의 공동체라고 말할 수 없다. 영성과 사회성의 균형을 이루며 바람직한 공동체상을 보여 주는 사례로 언급되는 미국 워싱턴 DC에 있는 세이비어 교회의 고든 코스비 목사가 "참된 교회와 공동체에는 극도의 다양성이 존재한다"고 강조했던 점은 시사하는 바가 매우 크다. 공동체는 획일화를 추구할 것이 아니라 다양성 안에서 합의점을 찾아가야 한다는 것이다. 가나안 성도들 역시 공동체는 다양한 생각을 가진 개인들을 존중하고 포용하며 서로 간에 소통할 수 있는 공간이어야 한다고 생각한다. 그러나 현재 한국 교회의 모습은 그와는 멀게 느껴진다.

# 5
## 신앙과 삶의 불일치

**이원론적인 신앙인의 모습**

앞장에서는 가나안 성도들이 교회를 떠나는 두 번째 이유로 소통의 부재를 이야기하였다. 여기에서 야기되는 문제는, 교회를 떠나는 사람들의 생각이 반드시 틀리고 남아 있는 사람들의 생각이 반드시 옳은 것이 아님에도 기존 관념에 문제를 제기하는 사람들은 교회 구성원들의 주류에 속하지 못해 결국 교회를 떠나게 된다는 것이다. 가나안 성도들이 다른 교인들 속에 섞이기 힘들게 하는 것 중의 하나는 대부분의 교인들 삶 속에 뿌리 내린 이원론식의 사고다. 명기 씨는, 기독교인들이 신앙 연수가 오래될수록 세상과 자신을 구별 지은 용어들을 사용하고, 자기들끼리는 알아듣지만 밖에 나가면 아무도 알아듣지 못하는 얘기들 속에 머물러 있다고 지적한다.

저는 교회란 서로 의견이 다르고, 체질이 다른 사람들이 모인 곳이라고 생각해요. 그런데 교인들이 다 비슷비슷해져 가는 것이 싫었던 것 같아요. 제가 정서적으로 정말 싫었던 것은 '형제', '자매'로부터 시작해서 신앙이 오래 되면 오래될수록 쓰는 용어가 다 비슷해져 가는 거예요. 게다가 세상과 자기를 구별 지은 용어들을 쓴다는 것이지요. 그 안에서는 암묵적으로 다 알아듣는데 밖에서는 아무도 못 알아듣는 그런 얘기들 속에 머물러 있는 것이 싫었어요. 심지어 사회 선교를 하면서도 기독교적 사회 선교만 하는 거예요. 예를 들면 저는 촛불 집회를 나가서 정말 감동을 받았는데 교회는 촛불 집회식의 방법이 아니라 다른 방법으로 사회 운동을 해야 된다고 말해요. 당시에 복음주의권의 선교 단체들은 기독교적 사회 운동이 따로 있고, 세상의 사회 운동이 따로 있다는 식으로 많이 얘기했어요. 그런 식으로 게토화되어서 그 안에서 지지고 볶고 하는 것이 너무 싫었던 것 같아요.

윤재 씨 역시 교회 안에 만연한 이원론적인 사고방식이 견디기 어려웠다고 말한다. 구원의 확신은 어느 한순간을 특정할 수 있는 것이 아니고, 특히 구원을 얻은 후에 뒤따르는 전인격적인 변화를 가져오는 과정이라고 생각한다. 그리고 이러한 과정은 한순간에 이루어지는 것이 아니라 인격과 성품의 한 부분, 한 부분이 바뀌어 나가면서 결국은 사람 전체가 바뀌는 것이라고 생각하기 때문에 변화해 가는 과정 자체가 중요하다고 생각한다. 흔히 '성화'라고 이야기하는 과정이다. 그런데 많은 기독교인들은 단순히 "나는 기독교인이 되었다. 그리스도인이다"라고 말하는 것만으로 충분하다는 듯 생각한다. 기독교인이 되었다면 삶의 태도나 가치관, 윤리가 바뀌어야 하는데 그런 것을 인정하지 않는 듯하다. 결국 신앙과 삶은 분리된다. 교회와 세상도 전혀 다른 근원을 가지고 있는 것처럼 분리해서 생각한다. 교회 안에서만 세상을 바라보기 때문에 그 시각 자체가 건강하지 않은 것이다. 윤재 씨는 이런 부분에 대해 고민이 많아서 대학에서도 이 분야를 공부하고 있다.

동석 씨는 구원의 확신에 대한 통합된 신학적 이론이 없는데도 불구하고, 교회에서는 지나치게 단순화시킨다고 생각한다. 구원의 확신이 있냐고 묻고 "예"라고 대답하면 끝나는 것이 결코 아니라고 생각한다. 구원의 확신이 있다고 얘기하고도 신앙인답지 않은 행동을 하는 사람들이 너무나 많기 때문이다. 심지어는 목회자들 중에도 전혀 신앙인답지 않은 문제를 일으키는 사람들이 많은 것을 보면서 신앙이 그렇게 간단한 차원의 것이 아니라고 확신하게 되었다. 혁진 씨 역시 "교인이 교인답지 못하고, 목사가 목사답지 못하고, 교회가 교회답지 못한 한국 교회의 썩은 풍토에 일조하는 교회의 구성원으로 살아가고 싶지 않아" 교회를 떠났다고 말한다.

여기서 발생하는 문제가 신학자인 본회퍼(Dietrich Bonhoeffer)가 말한 이른바 '값싼 은총'이다. 천재 신학자로 알려진 디트리히트 본회퍼 목사는 기독교 신앙을 실천하기 위해 히틀러 암살 계획에 참여했다가 제2차 세계 대전이 끝나기 직전에 처형되었다. 그는 교회의 타락과 신앙의 변질을 보면서 기독교인들이 값싼 은총을 추구하고 있다고 지적했다. 본회퍼는 믿음만 있으면 구원받는다는 값싼 은총 대신 희생과 헌신을 요구하는 '값비싼 은총'을 역설함으로써 실천하는 신앙을 강조했다. 그는 자신의 책 『그리스도를 본받아』에서 말뿐인 신앙을 격렬하게 비판한다. "까마귀처럼 우리는 '싸구려 은혜'라는 시체 주위에 모여, 그 시체의 독을 받아 마셨다. 그 결과 예수를 본받는 삶이 우리에게서 사라지고 말았다." 이러한 신앙은 하나님을 모든 문제를 단숨에 해결하는 '자판기 하나님'

으로 전락시킬 수 있으며, 기독교 신앙을 믿음만 강조하면서 책임 있는 행위는 중요하게 여기지 않는 '실천 없는 신앙'으로 변질시킬 우려가 있기 때문에 경계해야 한다.

**구원의 확신은 삶으로 체화되어야**

모태 신앙인 희준 씨(40대, 정신보건 활동가)는 어려서부터 교회에 열심히 다녔고, 고등부 수련회에서는 방언의 은사도 받았다. 가족은 물론 주변에서도 그가 당연히 신학교에 가서 목사가 될 것이라고 기대했다. 그는 교단 신학교에 들어가지는 못했지만, 신학을 공부하고 싶어서 집 근처에 있는 지방 대학의 기독교학과에 들어갔고, 전도사로서 섬기기도 했다. 그러던 중에 일반 신앙 모임뿐만 아니라 진보적인 선교 단체에 들어가 학생 운동에도 참여하게 되었다. 그는 시간이 지날수록 보수적인 신앙인들의 모습 속에서 위선을 발견했다. 시국 문제로 한창 어수선할 때였는데 휴강이 되니까 교회에서는 그때를 기회 삼아 수련회를 떠났다. 이런 행동에 실망한 그는 보수 성향의 신앙인들과의 관계를 끊고 진보적인 사회 운동에 뛰어들었다. 그는 단순히 입으로 고백하는 것만이 구원의 확신이 아니라 삶으로 표현되고 체화되어야만 진정한 구원의 확신을 보여 준다고 생각한다. 그러나 신앙의 실천에는 관심이 없는 한국 교회의 편협한 구원관 때문에 신학을 그만두고 결국 목회자가 되기를 포기했다고 말한다.

동석 씨는, 기독교 자체는 더 많은 가치를 품고 있는데, 한국의 기독교인들은 예수 믿는 것을 특권화했다고 말한다. 아무리 훌륭한 사람이라도 예수를 안 믿으니까 지옥에 갈 것이고 나는 예수를 믿기 때문에 무슨 짓을 해도 천국에 갈 것이라고 하는 유아적 수준의 사고에서 벗어나지 못하고 있다면서 다음과 같이 덧붙인다.

간디가 제일 좋아했던 것도 산상수훈이라고 하잖아요? 간디는 자기가 힌두교인이 아니었다면 기독교인이 되고 싶다고 했어요. 하지만 기독교인들 때문에 기독교인이 되고 싶지 않다고도 얘기했죠. 저는 오히려 이런 것이 바람직하다고 생각해요. 그 곁에 간디를 좋아했던 목사님이 계셨나 봐요. 그런데 이 목사님이 한 번도 예수 믿으라는 소리를 안 하셨대요. 그냥 간디를 조용히 계속 도왔는데 나중에 간디가 이런 표현을 했다고 합니다. "당신이 목사인 것을 우리도 알고 있어요. 한 번도 우리에게 예수의 도를 전하지 않았지만 당신의 삶 속에서, 당신의 손짓과 몸짓 속에서 우리는 예수를 봅니다." 저는 그것이 진짜 기독교인다운 삶이 아닌가 생각해요.

모태 신앙으로 신경외과 의사인 경애 씨는 목회자와 교인들의 모습에 실망하여 교회를 나가지 않고 있다고 한다. 그녀는 현재 동료 기독교인들의 삶 속에서는 전혀 기독교인다운 모습을 찾을 수 없다고 말한다. 같은 과에 전공의가 한 명 있는데 그는 스스로 "신실한 기독교인이다. 나는 기독교인이기 때문에 술도 안 마시고 기독교적으로 산다"고 표방한다. 그러나 그가 환자에게 하는 진료 행위를 보면 전혀 기독교인답지 않다. 아니 기독교인이 아니라도 히포크라테스 선서를 한 의사라면 절대 해서는 안 되는 의료 행위를 하고 전혀 의사답지 않은 태도로 환자를 대한다. 열심히 일하지도 않고 환자들에게 도움이 되기는커녕 해가 되는 진료 행위를 아무렇지도 않게 자행하고, 옆에서 잘못을 지적해도 그때뿐이고 전혀 개선의 노력을 하지 않는다. 차라리 자신이 기독교인이라고 말을 하지 않는 편이 더 나을 텐데, 그런 사람이 기독교인이라는 것을 보면 누가 교회를 나가려고 할까 싶을 정도다. 기독교인이라면 다른 사람들보다 더 열심히 일하고 성실히 일해야 한다고 생각하지만 주변에는 그렇지 않은 기독교인이 너무 많다.

경애 씨는 자녀를 키울 때에도 이런 이원론식 사고가 작용한다고 말한다. 아이들은 무조건 공부만 열심히 하면 된다는 식이다. 다른 아이가 학교에서 왕따를 당하고 만날 두들겨 맞아도 아무것도 안 하는데, 결국 부모들이 그렇게 가르친 것이라고 말한다. 기독교인 부모들도 마찬가지다. 교육 체계도 제대로 안 갖춰져 있다. 촌지가 오가는 것은 결국 우리 사회의 윤리 체계가 무너졌기 때문이다. 사회의 윤리적인 지침을 제공하는 것이 바로 종교가 해야 할 역할인데 한국 기독교는 그 역할을 하지 못하고 있다는 것이다.

이것은 우리 사회의 모든 부실들을 총체적으로 드러낸 세월호 사건에서도 여실히 드러났다. 돈을 벌기 위해서라면 수단과 방법을 가리지 않는 천박한 자본가들의 맨 얼굴이 드러났다. 너무나 안일하고 미흡했던 정부의 대처 또한 문제로 떠올랐다. 사건이 벌어진 이후에 해상 상황에 대해 가장 잘 아는 전문가를 중심으로 치밀한 구조 계획을 세우고 필요한 모든 조치를 취해야 했으나 정부는 그야말로 무능의 극치를 보여 주었다. 관료들은 저마다 책임을 회피하기에 급급했고, 해경조차도 전문성이라고는 전혀 찾아볼 수가 없었다. 결국 실종자 중에 단 한 명도 구조하지 못하는 참담한 비극을 낳고 말았다. 당시 요직에 있는 사람들 중에 자신의 자리를 지키며 최선을 다한 사람이 몇 명만 있었어도 이렇게 어처구니없는 상황이 벌어지지는 않았을 텐데 하는 안타까움이 있었다. 그 중에도 분명 기독교인들이 있었을 텐데 그들이 자신의 책임을 다했더라면 조금이라도 상황이 달라지지 않았을까? 결국 이 부분에서 어느 기독교인들도 자유롭지 못할 것이다. 우리는 기독교인으로서의 직업윤리, 아니 기본적인 삶의 윤리조차도 제대로 배울 기회가 별로 없었다.

경애 씨는 이어서 이렇게 기독교가 부흥한 나라에서 성매매가 그렇게 만연해 있다는 것을 이해할 수 없다고 말한다. 사람들은 너무 이율배반적이고, 윤리 체계도 다 무너져서 법을 지키고 살면 바보라는 얘기를 공공연하게 할 정도가 된 현실이 문제라는 것이다. 실제로 우리 사회에서 기독교는 종교로서의 제 역할을 다하지 못하고 있다. 그저 큰 교회가 좋은 교회라는 생각에 규모만 키우려 애쓰느라 정작 자신의 자리에서 기독교인으로 해야 할 역할에 대해서는 별로 가르치지 않는다. 한국의 기독교인들은 다른 사람들에 대해서는 쉽게 판단하면서도 나 자신을 돌아보고 성찰하는 데에는 매우 무디다.

종종 이슈가 되는 동성애 문제가 거론될 때마다 반성경적이라며 열을 올리지만 혼외정사와 같은 불륜에 대해서 이야기하는 사람은 많지 않다. 동성애도 매우 중요한 문제이기는 하지만, 우리 사회에서 아직은 큰 비중을 차지하지 않는 문제인 데 반해, 혼외정사는 기혼자들 중 상당수가 경험이 있고 실제로 가정 안에서 많은 문제를 일으키고 있음에도 거론하기를 꺼린다. 그것은 동성애는 자신들과 무관하기 때문에 쉽게 단죄할 수 있지만, 자신들과 직접 관련되는 문제인 불륜은 다루기를 내켜하지 않기 때문이다. 그래서 자신들과는 무관하다고 생각하는 동성애 문제에 더 열을 올리고 흥분한다. 이것은 자신들의 문제의 원인을 외부로 돌리기 위해 힘없는 여성 중에 한 사람을 원인 제공자로 지목하여 마녀 사냥을 했던 중세 시대 사람들의 모습과 그대로 닮아 있다.

이와 관련된 매우 충격적인 일이 있다. 가나안 성도들 중에 몇몇 여성은 실제로 성폭행을 당한 경험이 있고, 이것이 교회를 떠나게 된 결정적인 이유가 되었다. 면접 조사의 표본이 작기 때문에 비율을 논하는 것이 큰 의미가 없지만, 전체 15명 여성 중에 2명이 성폭행을 당했고, 또 한 명의 동생도 성폭행을 당했다고 한다. 이러한 사실은 우리 사회에서뿐만 아니라 한국 교회 안에서도 성 문제가 얼마나 심각한 지경에 이르렀는지를 여실히 보여 준다. 특히 동생의 경험을 이야기해 준 여성은, 가해자가 교회 전도사였다는 점을 밝혔다. 아무에게도 말하지 못하고 끙끙 앓던 동생은 결국 스스로 목숨을 끊었다고 한다. 이 여성은 그 이후에 교회에 대한 깊은 불신이 생겼고, 이를 해결하지 못하자 스스로 교회를 떠나게 되었다고 말한다. 또 한 여성은 목회자의 딸이었는데 교회 수련회를 갔다가 대학생인 주일학교 교사에게 성폭행을 당했다. 이 여성은 아버지의 목회에 걸림돌이 될 것을 염려하여 아무에게도 말하지 못했다고 당시를 회고했다.

한국 기독교인들의 이율배반적인 모습은 탈북자들에게도 걸림돌이 된다. 40대인 금순 씨는 북한에서 탈출한 후에 중국을 통해서 말레이시아로 갔는데, 거기에서 한인 교회에 출석하게 되었다. "당신은 사랑받기 위해 태어난 사람"이라는 찬양이 너무나 가슴에 와 닿았고, 서로 형제, 자매라고 부르는 게 좋아서 1년 정도 교회를 다니면서 열심히 신앙생활을 하였다. 남한 말에 익숙해지기 위해서 성경도 열심히 읽었는데 그때 예수님을 영접하게 되었고, 방언도 하게 되었다. 한국으로 들어와서는 한 중형 교회의 새터민부에서 도움을 받으며 신앙생활을 하였다. 새터민을 담당하였던 권사님을 통해서 남한 생활에 필요한 많은 도움을 받았고, 신앙도 점점 성장하였다. 그러나 금순 씨는 지금 와서 생각해 보니 모두 속았다는 생각이 든다고 말한다. 다소 길지만 그의 이야기를 직접 들어보도록 하자.

우리가 북한 사회에서 석혀서 살았잖아요? 석혔다는 말은 속임을 당했다는 말이에요. 제가 지금까지 진정한 신을 믿는 것이 아니라 정말 헛것을 믿었다고 생각하는 이유가 있어요. 성경책에서는 좋은 말씀을 많이 해 주는데 교인들은 그런 행동을 보여 주지 않아요. 한국에서 교회에 다닐 때 저는 정말 기독교인들이 천사인 줄 알았어요. 모든 것을 다 해 주었어요. 그래서 저도 그 사람들을 닮아 가려고 했는데 뒤돌아보면 하나도 믿을 것이 없어요. 다 거짓뿐이에요. 그 사람들은 말뿐이지 그 속에 진심이 하나도 없어요. 저는 지금도 기만을 당했다는 생각에 가슴 한구석에 분노가 치밀 때가 있거든요. 차라리 내가 교회 아닌 다른 사람들을 많이 접했다면 생각도 넓어졌을 것이고, 많은 것을 경험했을 것이라고 생각해요. 교회라는 울타리 안에서 오직 한마디 말, "우리는 다 형제고, 서로 사랑하는 사람이다"라는 말만 믿었는데 모두 거짓이고 가식이었어요. 그 사람들은 가장 힘든 사람을 살펴볼 줄도 몰라요. 오직 자기의 것을 드러내기 위해서 제가 필요했던 것이에요. 누구도 그런 이용물이 되고 싶진 않잖아요? 북한에서 정치적인 이용물이었는데 내가 왜 여기에 와서도 그런 이용물이 되냐고요. 그것은 정말 순진한 영혼을 희롱하는 짓이에요. 이것은 정말 죄악이에요. 김일성이 많은 백성들을 그렇게 희롱했잖아요. 이렇게 정신을 희롱하는 것만큼 더러운 짓은 없어요. 저는 기독교가 없어졌으면 좋겠어요.

금순 씨는 남한 기독교인들의 모습이 너무나 가식적이라고 느낀다며 또 다른 이야기를 들려주었다. 처음에 남한에 와서 작은 수술을 받느라고 병원에 입원했다가 퇴원한 적이 있었는데 쌀쌀한 날씨에 텅 빈 방에는 먹을 것이 하나도 없었다. 그때 마침 교회 권사 한 분이 따뜻한 죽을 들고 왔다. 먹을 것이 없던 차라 정말 고맙게 생각하며 맛있게 먹었다. 회복한 후 교회에 나갔을 때 마침 교회 복도에서 그분을 만나게 되었다. 너무나 반갑고 고마워서 "권사님!" 하고 불렀는데, 그분은 쭈뼛쭈뼛하면서 별로 반가워하지 않더라는 것이다. 그러고는 서먹서먹하게 대충 인사를 하고 말았다고 한다. 금순 씨는 그분이 왜 자기를 그렇게 반가워하지 않았을까 생각해 보니 자기가 불쌍해서 도와주었을 뿐, 자기와 친구가 될 마음은 없었던 것 같다고 말한다.

어쩌면 금순 씨의 생각이 틀리지 않을 것 같다. 많은 교회들이 새터민이나 외국 이주민을 돕기 위해서 여러 가지 사역을 하지만, 정말로 인격적인 관계를 맺으면서 한 형제 자매가 되기보다는 마치 시혜를 베풀 듯이 하는 경우가 적지 않기 때문이다. 교회를 다닌 경험이 없는 새터민들보다 교회에 다녀 본 새터민들이 교회나 기독교인에 대한 인식이 더 좋지 않다고 하는 한 조사 결과가 이를 방증한다.[10] 그래서 탈북 과정이나 한국 입국 과정에서 많은 교회나 선교 단체들의 도움을 받지만, 정작 한국에 들어와서는 기독교인들의 모습에 실망하여 교회를 떠나는 새터민들이 매우 많다고 한다.[11] 이런 이야기들을 통해서 우리 기독교인들의 모

---

10 이에 대하여는 이만식, "북한 선교의 새로운 전략 방안: 탈북자들의 교회에 대한 태도를 바탕으로", 「신학논단」, 41집(2005), p. 201를 보라.
11 새터민에 대한 연구로는 박영신 외, 『통일, 사회통합, 하나님나라』(대한기독교서회, 2010)를 보라.

습이 얼마나 이율배반적인지, 믿음과 삶이 불일치하는지를 심각하게 따져 볼 필요가 있다.

## 모든 삶의 영역이 하나님의 영광이 드러나야 할 무대

가나안 성도들 중에 상당수는 신앙 자체나 하나님에 대하여 의심하는 것이 아니고 교회에 대한 의구심이 들었다는 이야기를 하였다. 2장에서 살펴본 설문 조사에서도 떠나기 전에 다녔던 교회 상태에 대해 교인들의 삶이 신앙인답지 못했다는 응답이 매우 높게 나왔다. 하나님은 믿고 기독교 진리도 받아들이지만, 오늘날의 교회 모습은 교회 같지가 않다는 것이다. 교인들도 친목 모임이나 사교 클럽 다니듯이 교회를 다니고 있고, 영적 지도자라는 목회자들도 세속적인 가치에 매몰돼 있는 경우가 많다고 말한다. 부교역자들은 서민들이 많은 교구보다는 부유한 교인들이 많은 교구를 맡고 싶어 한다는 말도 한다. 이런 것을 보고 들으면서 과연 이런 것이 교회가 맞는가 하는 의구심을 떨칠 수가 없다는 것이다.

언젠가 만났던 한 40대 여성은 자기 주변의 기독교인들에 대해, 교회에서는 헌금을 많이 낼지 모르지만 회사에서는 절대 손해 보려고 하지 않고 자기 잇속만 챙기는 사람들이 많다고 말했다. 또 저런 사람들이 모인 곳이 교회라면 자신은 교회에 나가고 싶지 않다고 말했다.

이런 이야기들은 앞서 살펴보았듯이, 의사나 교사 또는 법조인과 같은 전문 직종에 속한 사람들에게서도 많이 듣는 이야기다. 흔히 기독교인들이 사회 지도층이 되어서 선한 영향력을 미쳐야 한다고 말하지만, 실상은 반대인 것이다. 우리나라에서 기독교인 비율이 매우 높은 직업군 중 하나는 국회의원일 것이다. 매번 선거 때마다 40퍼센트에 육박하는 기독교인들이 국회의원으로 선출된다. 그러나 국회의원은 여론 조사 때마다 가장 신뢰할 수 없는 직업군 중의 하나로 언급되는 실정이다.

이와 같이 오늘날 한국의 기독교인들은 기독교 시민으로서의 직분을 실천하지 못하고 있다. 신앙과 삶은 철저하게 분리되어 자신의 신앙이 삶의 영역에서 기독교 정신에 따라 실천되어야 한다는 사실을 인식하지 못하고 있다. 사회생활을 하는 공간은 그 자체의 논리와 기제에 따라 작동하고 있는데, 여기에 기독교 신앙은 비집고 들어갈 여지가 없다. 기독교 신앙은 식사 전에 기도를 한다든지, 술 담배를 금한다든지 하는 개인의 사사로운 경건 생활 영역에서만 영향력을 발휘할 뿐이다. 기독교 기업가들은 아침에 QT는 열심히 하면서도 기업 운영 방식에서는 탈세나 노동자 착취를 자행하고 있다. 기독교 정치인들도 조찬 기도회는 열심히 참석하지만 성경의 가르침이나 기독교 가치보다는 정치적 이해관계에 따라 움직일 뿐이다.

그러나 경애 씨나 윤재 씨처럼 비록 교회는 떠났지만, 뚜렷하게 기독교인으로서의 정체성을 가지고 있으면서 나름대로 삶 속에서 신앙을 실천하며 살려고 노력하고 있는 가나안 성도들이 많다. 1장에서 살펴본 기남 씨는 비록 구원의 확신에 대해서는 자신 있게 말하지 못하지만, 자기 나름대로 기독교 신앙관을 가지고 회사를 기독교적인 방식으로 운영하려고 노력하고 있다. 회사 직원들도 기남 씨가 기독교인인 것을 알고 있기 때문에 그는 더욱 기독교인답게 행동하려고 애를 쓴다.

이와 같이 가나안 성도들은, 기독교인으로서 구원의 확신을 갖는 것도 중요하지만, 더 중요한 것은 그리스도를 영접한 이후의 삶이라고 생각한다. 그리스도인의 삶은 그리스도를 시인하고 영접함으로써 끝나는 것이 아니라 그것으로부터 시작되는 것이다. 그리고 일생을 통하여 끊임없이 수행하고 훈련되어야 한다. 대부분의 한국 교회에서는 전도 폭발 등의 프로그램을 통해 많은 사람들을 교회 안으로 들여오는 데에는 큰 관심을 기울이는 데 비해 전도되어 온 사람들을 어떻게 진정한 그리스도인으로서 살게 할 것인지에 대한 관심과 프로그램은 매우 빈약한 실정이다. 교회 교육 프로그램들은 초신자에게 필요한 '구원의 확신' 과정이나 기껏해야 중급 수준의 내용을 쳇바퀴 돌리듯 하고 있으며 그나마도 주로 개인 경건 생활이나 교회에서 봉사하는 법을 안내하는 정도에 그치고 있다.

우리 사회에서 독실한 그리스도인들은 교회 일에 매여서 교회 밖의 세상일에 대해서는 관심을 가질 여유가 없는 상황이 펼쳐지고 있다. 그렇기 때문에 교회에 열심인 사람은 사회에 대해서는 더욱 무관심해져 오히려 분리주의자나 배타주의자와 같은 태도를 갖게 된다. 최근 미국 윌로우크릭 교회의 빌 하이벨스 목사가 자체적으로 연구한 결과를 바탕으로 "십일조를 하고 전도를 하고 봉사를 하는 영적인 활동과, 하나님과 이웃을 '진정으로' 사랑하는 영적 성숙함은 궤를 같이하지 않았다"며 반성한 사실은 우리에게도 시사하는 바가 매우 크다.

가나안 성도들은 대부분 보수 교회의 세계관이 성속을 지나치게 이원화하는 이분법적인 관점이라는 점을 지적한다. 교회는 거룩하고 세상은 세속적인 곳이라는 단순한 이원론에 사로잡혀 있기 때문에, 교회에서는 경건하게 지내면서도 정작 세상에 나가서 어떻게 살아야 하는지에 대해서는 배울 기회가 없다는 것이다. 이러한 이원론식 사고는 기독교인으로서의 사회생활에 올바른 의미를 부여하지 못하여 기독교인들을 더 고립시키고 게토화시키고 만다.

그러나 하나님께서 우리에게 허락한 이 사회는 비록 죄악이 넘쳐난다고 해도 포기하고 방치되어야 할 곳이 아니라, 똑같이 하나님의 영광이 구현되어야 할 공간이다. 하나님은 교회뿐만 아니라 이 세상 만물의 주님이시기 때문이다. 따라서 교회 안에서의 삶에만 높은 가치를 부여할 것이 아니라 교회 안에서 요구되는 엄격한 윤리 기준을 모든 기독교인들의 사회생활에도 확대하여 적용해야만 한다. 가나안 성도들은 세속 사회의 모든 활동에 대하여 기독교의 가치를 부여하고 기독교인들이 따라야 하는 윤리적인 지침을 마련해 줄 수 있기를 기대하고 있다.

# 6 나름대로의 신앙 방식

**자기 식으로 표현되는 신앙**

지식정보화 사회 또는 포스트모던 사회가 되면 많은 사람들이 제도 종교의 의례, 가르침, 계율은 따르지 않으면서 개인 중심의 신앙생활을 하는 경향이 있다. 그리하여 현대 사회에서 종교는 취미 생활의 하나로 여겨질 수 있으며, 다소 과장되게 표현하다면, 하나의 장신구로 전락할 수도 있다. 종교사회학자인 로버트 우스노우(Robert Wuthnow)는 이런 의미에서 현대 사회를 DIY 종교의 시대라고 말하였다. 현대인들은 기존의 전통적인 종교 교리를 그대로 받아들이기보다는 자신의 입장에서 취사선택을 하여 자기 자신의 종교를 만든다는 것이다.

가나안 성도들에게서도 이러한 경향이 포착된다. 스스로 생각하는 기독교에 대한 관념이 기존 권위와 충돌할 때 자신의 것을 포기하고 권위에 복종하기보다는 자기 나름의 기독교 신앙을 스스로 구성하는 것이다. 출판사에서 일하는 선희 씨는 교회라는 틀이 견디기 힘들었다. 권위적인 틀을 만들어 놓고, 그 틀 안에 있는 사람들만 허용하고 그 틀 밖에 있는 사람들은 받아들이려 하지 않는 것이 무척 싫었다. 그런 틀 중 하나는 헌금, 특히 십일조에 대한 것이었다. 얼마 전에도 한 목회자가 설교 중에 "십일조를 하지 않으면 암에 걸린다"고 하여 물의를 빚기도 했다. 선희 씨는 십일조를 지나치게 강조하고 반드시 자기 교회에 해야 한다는 주장이 이상하게 들렸다. 목사들은 자신들의 틀로 모든 것을 해석하고 판단하기 때문에 그 틀에서 벗어나는 이야기를 하지 못한다. 하지만 선희 씨는 기독교가 진정한 종교라면 하나님의 말씀을 생활 속에서 잘 적용하면 된다고 생각한다.

그래서 지금은 교회에 나가지 않지만 신앙생활에 대한 고민을 자기 나름대로 해결하는 법을 찾았다. 예를 들어 전에는 십일조와 관련해서 고민이 많았다. 남편과 상의를 하고 내야 하는지, 10분의 1은 어떻게 계산해야 하는지, 십일조는 꼭 교회에만 내야 하는 것인지 등등. 하지만 딱히 물어볼 데도 없었고 목회자들에게 물어봐도 돌아오는 대답은 늘 정해진 대로였다. 그런데 지금은 나름 정리가 되었다. 정확하게 10분의 1은 단지 형식일 뿐이라고 생각한다. 온전히 드리고 싶으면 10분의 10을 드릴 수도 있고, 꼭 10분의 1이 아니어도 온전한 마음으로 드리면 십일조가 아닐까 생각한다. 그리고 반드시 교회가 아니라도 다른 곳에 기부를 할 수도 있고 꼭 필요한 사람에게 도움을 주는 것도 십일조의 정신에 부합하는 것이라고 생각한다.

몇 년 전에 헌금에 대하여 조사한 적이 있다. "매월 정기적으로 수입의 10분의 1을 한다"(60.3퍼센트)고 응답한 사람들 외에, "매월 정기적으로 수입의 10분의 1 이상을 한다"(20.4퍼센트)고 응답한 사람도 꽤 있었고, "십일조 헌금을 하지만 매월 정기적으로 하지 못한다"(9.9퍼센트)는 응답과

"매월 정기적으로 하지만 수입의 10분의 1 이하를 한다"(5.4퍼센트)는 응답도 적지 않았다.[12] 실제로 정확하게 10분의 1이 아니라 자신의 기준에 따라 십일조를 하는 사람도 30퍼센트 정도 되는 것이다.

선희 씨도 십일조에 대해서 자기 나름대로 정리를 한 후에는 여러 가지 방법으로 주위 사람들을 도와주고 있다. 그중의 한 가지는 의미 있게 운영을 잘하는 작은 도서관에 구입한 도서를 기증하는 것이다. 그런 곳 중에 어느 목사가 운영하는 작은 도서관이 있었다. 운영자가 목사라는 사실을 알았을 때 이전에 경험한 교회와의 좋지 않은 기억이 떠올라 거부감이 생겼다. 그러다가 그 목사가 지역을 위해 좋은 일을 한다는 사실을 알고는 저런 목사가 목회하는 교회라면 교회에 다시 나갈 수도 있겠다는 생각을 할 정도로 그를 신뢰하게 되었다.

어렸을 때부터 교회에 다닌 영혜 씨는 목회자들의 이중적인 모습에 실망하여 교회를 나왔지만, 그렇다고 해서 신앙이 흔들린 것은 아니고 오히려 자기 나름의 신앙관을 정립했다고 말한다. 교회를 안 나가는 기간에도 교회에 대한 고민은 계속 갖고 있었고, 신앙은 오히려 더 확고해졌다. 그녀는 이 부분에 대해서 매우 감사하게 생각한다. 교회를 떠났지만, 영적으로는 계속 성장했고 신앙에 대한 지평도 넓어졌다. 목사나 교회 선배들이 주입식으로만 심어 줬던 것들을 그냥 받아들이지 않고, 계속 질문하고 고민하면서 신앙의 폭이 매우 넓어졌다. 가톨릭이 이단이라는 일반 교회들의 주장에 대해서도 영혜 씨는 그대로 수용하지 않고 계

---

12  정재영, "교회 헌금에 대한 개신교인의 의식," 『한국 교회의 종교 사회학적 이해』(열린출판사, 2012), p. 190.

속 질문하면서 자신의 사고를 발전시켰다. 교회를 떠나서 신앙에 회의를 갖게 되지 않았느냐는 물음에 교회 생활에는 회의가 생겼지만, 오히려 그것 때문에 더 신앙적인 고민이 깊어졌다고 말한다. 예수님의 존재에 대해서도 다시 한 번 생각해 보게 되었고, 전에는 없었던 깨달음도 얻었다. 예수님이 삶의 표본이고 자신이 나아가야 할 푯대라는 확신이 들면서 신앙에 새로운 차원이 열렸다.

40대 사업가인 규상 씨는 한국 교회의 문제들을 다양하게 드러내는 여러 교회를 다닌 경험이 있다. 처음에 어느 장로교회를 다니다가 선배를 따라 교회를 옮겼는데, 이 교회는 기성 교단으로부터 이단으로 판정받았지만 규상 씨는 이를 잘 모른 채 다녔다. 그런데 그 교회가 귀신을 쫓아내는 축사를 하고 지나치게 신유 은사를 강조할 뿐만 아니라 담임 목사가 교회 재정에 전횡을 일삼는 것을 보고 개혁 활동을 하다가 결국 교회를 나왔다. 그 후 교회를 같이 나온 사람들이 함께 새로운 교회를 세우자고 했다. 그 교회에서 부목사로 섬기다가 미국 유명 신학교에서 공부한 분을 담임 목회자로 모시자는 사람들의 의견에 규상 씨도 동참했다. 그런데 그 목사가 신학 공부를 제대로 했는지 의심스러웠다. 뭘 물어 보면 대답을 제대로 못하는 것이었다. 그러고는 얼마 후에 헌금한 돈을 챙겨서 미국으로 가 버렸다. 그다음에는 유명 대형 교회의 지교회에 나가게 되었다. 담임 목사는 미국에서 상담학을 공부했다는데 알고 보니 이 역시 사실이 아니었다. 그래서 또 다른 교회에 나갔는데 그 교회 목사는 주일마다 판에 박힌 듯 똑같은 말씀을 반복했다.

이렇게 여러 교회를 찾아다녔지만, 제대로 된 교회를 찾기가 너무 힘들었다. 규상 씨는 정규 신학교에 다니지는 않았지만 신학에 대한 갈증을 풀기 위해 독학으로 많은 신학 서적을 섭렵했다. 그런데 목사들을 만나서 얘기를 해 보면 자기보다도 잘 모르는 것 같았고 질문에 제대로 답을 하지 못하는 경우가 많았다. 그리고 어려운 질문을 해서 그런지 목사들은 규상 씨를 슬슬 피하기 일쑤였다. 그래서 지금은 인터넷 설교를 보거나 신학 잡지에 실린 설교 비평을 읽으며 신앙생활을 하고 있다. 그는 많은 신학 서적을 독파한 후에 '자기 자신의 복음'이 생겼다고 말한다. 가나안 성도들이 모여서 세웠다는 교회에도 가 봤지만, 사람들과는 다른 독특한 생각을 가진 그는 그 교회에도 정착하지 못하고 지금까지도 혼자서 신앙생활을 하고 있다.

보수 신학교 출신이고 현재 사회과학 분야에서 박사 과정 공부를 하고 있는 주현 씨는 신앙이란 성경을 배경으로 삶과 관련된 질문을 계속 던지는 것이라고 생각한다. 하나님은 특정 교리나, 심지어는 기독교라는 기존 틀 안에도 가두어지지 않는 존재이므로 끝까지 질문을 던져 보는 것이 바른 신앙이라고 생각한다. 과거의 계몽주의자들은 자기의 근본을 버리고 의심하는 것이 지식인의 특징이라고 생각했지만 주현 씨는 그럴 필요가 없다고 믿는다. 오히려 전통을 존중해야 한다고 주장한다. 그는 오히려 기존의 것을 선용하고 어떻게 재전유하는가 하는 문제를 고민했다. 최근에 복음주의에 대한 다양한 해석이 복음주의를 새롭게 만들어 가듯이, 주현 씨도 자기 나름대로 자기가 믿는 바를 실천하면서 기독교를 자기 식으로 바꾸어 가야 한다고 생각한다. 기독교가 나쁘다고 해서 기독교 자체를 버릴 것이 아니라 그것을 새롭게 해석하면 된다. 그는 교회의 개혁을 위해서 교회라는 틀은 버렸지만 기독교는 버리지 않고 계속 진정한 신앙에 대한 답을 찾기로 했다.

## 진리를 찾는 여정

앞서 살펴본 명기 씨는 지금 교회에 출석하느냐는 물음에 "주일은 쉽니다"라고 답하였다. 일주일 내내 신학 교육을 받고 있고 기독교 연구소에서 연구원으로 일하고 있는데 주일만큼은 편하게 쉬고 싶다면서 자신의 생각을 들려주었다.

다른 종교의 영성 수행을 해 보면서 이런 생각을 했어요. "내가 갖고 있는 신앙은 교회라는 것으로 담을 수 없겠구나, 하나님이 계시다면 이미 교회나 성서를 넘어선 존재로 있겠지, 그 안에 갇히지 않겠구나." 주중에는 기독교 기관에 있으니까 주일 하루쯤은 쉬어야지 하는 생각에 교회는 안 나가요. 교회는 마음의 고향 같지만 어떤 면에서는 상처를 주기도 하고 분노를 촉발시키기도 해요.…저는 힘들 때는 불교 명상을 해요. 그것도 한 4-5년 정도 배워 왔기 때문에 익숙해요. 그런데 더 힘들어지면 제가 신학적으로 동의하지 않는 상징, 익숙한 상징을 떠올리며 막 울 때도 있어요. 아주 힘들 때는 일 년에 한두 번 그래요. 하고 나면 부끄러워지기도 하는데 마음 상태가 그렇게 다 무너져 있을 때에는 그런 게 감정을 추스르는 데 도움이 되는 것 같아요. 결과는 변하지 않는다는 걸 아는데 그렇게 눈물이 나는 거예요. 날 도와주는 신이 없다는 것을 알면서도 너무 힘들면 그냥 신넘이고 뭐고 다 놓아 버린 채 울어요. 그렇게 한번 울어재끼고 난 후 좀 마음을 추스르고 그랬던 것 같아요.

명기 씨는 자신에게 기독교 신앙이 남아 있다고는 생각하지 않지만,

가끔은 남아 있는 신앙의 흔적에라도 기대고 싶은 생각이 드는 모양이다. 그는 현재의 교회 모습에 실망하여 교회를 떠났지만, 자기 나름대로의 신앙을 모색하고 있다. 교회라는 기존의 틀 안에는 담을 수 없는 자기 나름의 근본적인 질문을 품고 그 답을 구하며 진리를 찾아가고 있었다.

앞장에서 언급했던 탈북자 금순 씨도 교회와 기독교인에 실망하여 지금은 신앙을 거의 잃어버린 상태이지만 자기 나름대로 진리를 찾으려고 노력한다. 금순 씨는 신은 영접했지만, 예수님은 믿지 않는다고 말한다. 예수님에 대해서 확신할 수 없기 때문이다. 또한 기독교도 믿지 않는다. 전에는 믿었지만, 기독교인들에게 실망하여 믿지 않게 되었다. 이제 신은 자신만의 신이다. 정말 의탁하고 싶고, 믿고 싶은 신이 나타난다면 그것을 따르고 싶다. 마음속 어딘가에는 여전히 무언가를 믿고 싶은 의지가 있다. 지금의 기독교는 아니지만, 진정한 신앙을 찾고 싶어 한다.

대학 때부터 교회에 나가기 시작해서 7년 정도 신앙생활을 한 경혜 씨(40대, 약사)는 오래전에 방언을 한 경험도 있지만, 그것이 자신의 신앙에 크게 도움이 되지는 않았다고 생각한다. 주변에서 부러워하니까 그런가 보다 했을 뿐 그렇게 대단하게 생각하지 않았다. 오히려 자신에게 조금이나마 도움이 되었던 것은 성경 공부였다. 그녀는 진리에 대한 답을 얻고 싶었지만, 마음속에 있는 궁금증은 결국 해소되지 않았다. 나름대로 기도의 응답도 받았지만, 기도를 해서 이루어졌다기보다는 될 만한 일이었기 때문에 된 것이 아닐까 하는 생각이 든다. 사람에게 마음의 힘이라는 것이 있으니까 이루어졌을 거라는 생각이다. 그러다 리처드 도킨스(Richard Dawkins)의 책을 읽으면서 신이 정말 존재할까 하는 의문이 들었다. 그러나 그녀는 인간에게 육체만이 아닌 영성이 있다는 믿음을 여전히 가지고 있다. 그리고 영혼이 있으면 신도 있을 것이라고 믿는다. 경혜 씨는 최근에는 불교 책을 읽으면서 자신만의 해답을 찾아보고 있다.

이와 비슷한 발견이 미국인들의 사고와 습속에 대한 로버트 벨라(Robet Bellah)의 연구에서도 나타난다. 벨라는 미국인들의 생각과 문화적 성격을 탐구하기 위하여 미국의 중소 도시에 거주하고 있는 200명 이상의 일반인들을 면접 조사하였다. 그리고 이들의 일상생활 속에서 용해되어 있는 미국인의 성격과 개인주의, 사회참여, 종교 등의 주제들을 다양한 사례를 이용해 자세하게 서술하였다. 그가 인터뷰한 사람들 중에 한 기독교인은 쉴라라는 자신의 이름을 따서 자신의 종교를 '쉴라교'(Sheilaism)라고 표현하였다.[13] 우리가 농담처럼 자기 자신을 믿는다는 뜻으로 '아신교'라고 말하는 것과 비슷한 의미다.

또한 그보다 훨씬 이전인 18세기 미국 작가인 토머스 페인(Thomas Paine)은 "내 마음은 교회다"라고 표현하였고, 미국의 대통령을 지낸 토머스 제퍼슨(Thomas Jefferson) 역시 "나는 스스로 하나의 종파다"라는 말을 한 바 있다. 이를 근거로, 벨라는 현대 사회에서 인간의 의미 탐구는 더 이상 교회의 울타리 안에 머물러 있지 않는다고 말한다. 이것은 명확하게 규정된 교리 정통과 종교에 의해 유지되던 도덕 기준에 대한 권위가 무너졌기 때문이다. 그러나 세속 사회에서의 종교 행위는 약화되었다기보다는 이전보다 더 필요해졌다고 본다. 이러한 경향은 종교에 대한 무관심이라기보다는 각 개인은 궁극적인 물음에 대한 해답을 스스로 구해야만

---

[13] Robert N. Bellah 외, *Habits of the Heart: Individualism and Commitment in American Life*(Berkeley: University of California Press, 1985), p. 221.

한다는 뜻이다. 이러한 상황에서 교회가 할 수 있는 가장 적절한 일은 개인에게 정해진 정답 철을 제시하는 것이 아니라 스스로 해답을 구할 수 있는 최선의 환경을 제공하는 것이다. 포스트모던 종교성에 대한 벨라의 혜안이 돋보이는 대목이다.

포스트모던 사회에 대한 논쟁이 한창일 때 포스트모던의 경향이 반종교적이고 특히 반기독교적이라는 인식이 팽배했다. 포스트모더니즘은 절대 진리나 보편적인 원칙을 주장하기보다는 진리를 상대화시키고 권위를 해체시키는 경향이 강하기 때문에 이러한 생각은 일면 타당하다고 볼 수 있다. 그런데 중요한 것은 포스트모더니즘과 포스트모더니티를 구별해야 한다는 것이다. 포스트모더니즘은 앞에서 말한 바와 같은 사조나 신념을 의미하는 것이지만 포스트모더니티는 사회적인 변화 자체를 말하는 것이기 때문이다. 뒤에서 자세하게 다루겠지만, 탈현대성이라고 번역하는 포스트모더니티는 거부한다고 해서 거부할 수 있는 것이 아닌 사회적인 경향이다. 따라서 이러한 경향의 영향으로 종교성도 변화하고 영적인 욕구도 변하기 때문에 이에 대한 판단과 대비가 필요한 것이다.

한때 과학과 종교는 양립 불가능하다고 여겨졌다. 과학이 발전할수록 종교는 위축되고 그 자리를 과학에 내줄 수밖에 없다고 생각한 것이다. 그러나 탈현대적인 사고에서는 과학적인 지식이나 법칙도 완전한 것이 아니고 상대화되기 때문에 오히려 종교에게 다시 기회가 오고 있다. 전과 같이 국교 수준에서의 지배력을 행사할 수는 없더라도 다양한 지식과 담론들이 공존하는 것이 탈현대성이기 때문에 이러한 인식론적 차원에서 종교도 새로운 기회를 얻는다.

오늘날의 지식정보화 사회에서는 과거와 같이 특정인이 정보를 독점하지 않고 누구나 정보에 접근할 수 있다는 사실이 중요하다. 기독교 진리에 대해서도 마찬가지로 적용할 수 있다. 성경을 읽고 해석하는 일이 목회자의 전유물처럼 여겨지던 시대는 갔다. 평신도들도 얼마든지 신학 서적을 접하고 나름대로 성경을 해석한다. 이런 현실에서 목회자들은 사안마다 일일이 성경적인 답을 주려고 하기보다, 각각의 기독교인들이 자신의 신앙 양심에 따라 자기가 처한 현실에 대한 답을 찾아갈 수 있도록 돕는 것이 바람직하다.

**마음속의 교회를 찾아서**

가나안 성도들은 교회에 출석하지 않고 있기 때문에 자기 나름의 방식으로 신앙생활을 유지하고 있다. 대부분은 주일에 혼자서 간단하게 예배를 드리거나, 가족끼리 가정 예배를 드리면서 언젠가 마음속에 그리는 교회를 찾기를 기대한다.

 인터뷰 중에 특별하게 예배를 드리는 사례 하나를 접했다. 어려서부터 교회에 다닌 대학생 진선 씨는 자신이 다니던 교회가 이단 교회라는 것을 알고 나왔지만 그 후에 마땅한 교회를 찾을 수 없었다. 구원의 진리에 대해서 분명하게 알고 싶었지만, 대부분의 교회에서 하는 이야기는 너무 형식적이었다. 그저 말로 구원 받았다고 하면 모든 것이 해결된 것처럼 여겼다. '기도했으니 지옥에 가지는 않을 것이다' 하는 마음으로 신앙생활을 하는 것 같았다. 이런 모습에 실망하여 참된 기독교 신앙을 배울 수 있는 교회를 찾아다니다 가게 된 곳이 일종의 사이버 교회였다.

 한국에서 목회를 하다가 미국에 가서 새로 목회를 시작한 어느 목사님의 주도로 모임이 이루어지고 있었다. 한국에서 교제하던 사람들과 관계를 유지하기 위해서 만들어진 온라인 모임에는 유치원생부터 50대에 이르기까지 다양한 연령의 20여 명 사람들이 모여서 화상으로 예배를 드렸다. 한국에 있는 사람들이 각자 집에서 온라인으로 연결하는 이유는 이들이 서울, 안산, 대전 등 여러 다른 지방에 흩어져 살기 때문이다. 일주일에 두 번, 주일과 수요일에 모이고 특별 집회를 할 때에는 매일 모이기도 하는데 한 번 모이면 보통 두 시간에서 세 시간 가까이 모임이 이어진다. 16개의 열린 창을 통해서 서로의 모습을 보며 예배를 드린다. 반주자도 있어서 마이크를 켜고 반주를 시작하면 예배 참여자가 모두 함께 찬송가를 부른다. 그리고 대개 목사님이 설교를 한 후에 설교에 대하여 질문과 토론이 이어진다. 온라인상으로 얼마나 예배에 깊이 몰입할 수 있는지 의아했으나 진선 씨는 아주 깊이 몰입하고 예배 중에 눈물을 흘릴 때도 많다고 말한다. 그래서 진선 씨는 오프라인 교회에 나갈 필요를 못 느끼고 있다.

또한 일부 가나안 성도들은 교회는 아니지만 신앙 모임을 찾아서 나가기도 한다. 이것은 앞의 통계 조사 결과에서 보았듯이 전체 가나안 성도들의 10퍼센트에도 미치지 못하는 적은 비율에 불과하지만, 최소한의 신앙생활을 유지하면서 이상적인 교회를 찾으려는 노력이라고 볼 수 있다. 기남 씨는 집 근처의 신앙 모임에 가끔 나가는데, 이 모임은 목회자 몇 명으로 이루어졌다. 현재는 목회를 쉬고 있는 목회자 몇 사람이 주일에 모여서 격식 없는 형태로 모임을 진행하고 있다. 기남 씨는 이 모임에 나가서 기성 교회에서는 꺼낼 수 없는 민감한 문제들, 마음속 깊이 가지고 있던 고민들에 대해서 털어놓으며 자신만의 신앙을 찾아가고 있다.

농촌 교회 목회자 아들인 수철 씨는 부친이 담임 목사직에서 은퇴한 후에 들어온 후임 목사와의 갈등으로 교회를 떠나게 되었다. 부친은 농촌 목회 지도자로 널리 알려진 분이었고, 교회를 중심으로 지역 운동도 활발하게 전개한 모범적인 목회자였는데 후임 목사는 이와는 다른 사람이었다. 그 후임 목사는 교인들이 적극적으로 참여하여 잘 운영하고 있던 지역 사업을 자기 명의로 바꾸어 사유화하려는 바람에 물의를 빚었다. 이에 수철 씨가 문제 제기를 하였는데, 그 목사는 오히려 수철 씨에게 누명을 씌워 매도하였다. 목회자 아들인 수철 씨가 목사에게 반기를 드는 모양새가 좋지 않아 자신이 교회를 떠나기로 결심했다. 그러나 다른 교회에 나가려 해도 모두가 자신이 목회자 아들인 것을 알기 때문에 쉽지 않았다. 고민하던 차에 기존 교회에서 나온 교인 몇 사람이 주일에 모임을 한다는 소식을 듣고 그 모임에 나가기 시작하였다. 다른 교인들도 그와 비슷한 처지의 사람들이었다. 주변 사람들 모두 그들이 어느 교회 교인인지 알고 있는데 갑자기 다른 교회에 나가기가 쉽지 않아서 선뜻 교회를 옮기지도 못하는 이들이 많았다. 이들은 언젠가 교회가 원래의 모습을 회복해서 다시 교회에 나갈 수 있는 날이 오기를 고대하고 있다.

가나안 성도들 중에 일부는 최근에 다시 교회를 나가고 있다. 사례가 적기 때문에 이 교회들의 공통점을 끌어내기는 어렵지만, 목회자의 인품이 뛰어나고 설교가 균형 잡혀 있으며 건강한 목회를 하는 교회들이라고 할 수 있다. 규모는 대개 중형 이하의 교회들이었다. 대형 교회는 다양한 시설과 프로그램을 갖추었다는 장점이 있으나 앞에서 살펴본 바와 같이 가나안 성도들은 공동체성을 중시하기 때문에 비교적 작은 교회를 선택할 가능성이 높다. 특히 부모 세대에 비해 종교적 충성도가 낮은 젊은 세대들은 무조건 순종하기보다 자신들의 의사를 표현하고 이것이 교회 운영에도 반영되기를 바라는 경향이 강하다. 그래서 상명하복을 강조하는 관료제적 대형 교회보다는 아래로부터의 의사소통이 가능한 회중 중심의 중소형 교회를 선택할 가능성이 크다.

가나안 성도들이 모두 비슷한 것은 아니지만, 이들 중에는 신학에 대해 깊은 고민을 가지고 나름대로 해답을 얻으려 했으나, 교회 안에서 아무 해결을 얻지 못한 경우가 적지 않았다. 앞에서도 살펴보았지만, 신앙의 근본을 흔드는 질문에 대해서는 아예 말을 꺼내지도 못하게 하는 분위기고 좀더 수준 높은 질문에 대해서는 목회자들이 대답할 능력이 없어 보였다. 이러한 욕구를 가진 이들은 단순하고 한쪽으로 치우친 설교보다는 성경 전체에 대한 안목을 가지고 성경 내용을 깊이 있게 다루는 설교를 선호한다. 특히 가나안 성도들 중 일부는 신학생들이나 목회자들이 너무 공부를 하지 않는다고 일침을 놓았다. 신학교에서 가르치는 것을 정답처럼 외우기만 할 뿐 자기 나름의 신학이 없기 때문에 어려운 질문에 답을 하지 못한다는 것이다. 동석 씨의 이야기다.

신학생들이 공부를 너무 안 해요. 제 친구 중에 신학교 나온 친구가 있어서 같이 얘기를 하는데 너무 말이 안 되는 얘기를 하는 거예요. 하루는 날을 잡아서 신학 책을 갖고 와서 두 시간 동안 그 친구를 붙잡고 이야기를 나누었어요. 네가 지금 주장하는 너의 이론들을 설명해 보라고 물었어요. 두 시간 후에 그 친구에게 마음을 독하게 먹고 이야기를 했어요. 서로 아끼고 친했던 친구니까 좀 독한 얘기를 한 거죠. "만약 네 신앙의 논리를 가지고 신학을 펼쳐 나가고 싶다면 공부 좀 해라." 신학교 교육이 이런 식으로 되어서는 좋은 목회자들을 배출해 내는 건 거의 불가능하다고 봐요. 기독교는 너무 편파적이에요. 건강한 이성과 상식을 갖고 뜯어 보면 신학 전공자들은 공부를 제대로 안 하고, 너무 흑백 논리에만 사로잡혀 있어요.

오늘날의 사회에서는 신앙인 모두가 자기 나름대로의 신앙관을 세울 수 있고 또한 그것을 필요로 한다. 그러나 주입식 교육에 익숙한 한국 사람들에게는 이러한 노력이 쉽지만은 않다.

쉐마 교육으로 널리 알려진 이스라엘의 교육 방식이 최근 주목을 받았다. 한 공중파 방송에서 교육 문제를 다룬 "공부하는 인간"이라는 다큐멘터리를 방영한 적이 있었다. 그중에 3편은 '질문과 암기'라는 주제로 구성되었는데, 취재 팀은 이스라엘의 한 초등학교를 방문하였다. 외모가 랍비처럼 보이는 나이 많은 선생이 어린 학생들에게 뭔가 똑같은 말을 반복하고 있었다. 방송에서는 이 대목에서 자막을 깔지 않았기 때문에 무슨 말인지 알 수 없었다. 뭔가 혼내는 것처럼 보였다. 그 선생이 반복해서 학생들에게 했던 말은 "마따호쉐프"(What do you think?)였다. 우리말로 "네 생각은 어떠니?"라는 질문이었다. 해설자는 이 질문이 미국 선생이 흔히 하는 이해했니?("Do you understand?")나 아시아의 선생들이 흔히 하는 "다 외웠니?"라는 말과는 아주 다른 차원의 질문이라고 설명했다. 이스라엘의 교사는 어린 학생들이라도 자기 나름의 생각이 있고, 이러한 생각을 발전시켜 주는 것이 교육이라고 믿는다. 그래서 이러한 질문을 매우 중요하게 여긴다고 설명하였다.

반면에 우리의 교육 환경은 주입식 교육 형태로 이루어졌다. 교사가 정답을 가르쳐 주면, 학생들은 그 답을 외우는 방식이다. 특히 신학 교육은 교단마다 나름의 교리와 전통을 가지고 있어서 이것을 벗어나는 것을 매우 '위험하게' 생각할 뿐만 아니라 이단시하는 경우가 많다. 앞에서도 논의하였듯이 신학에서 이단과 정통을 구별하는 것은 매우 중요한 측면도 있으나 지나치게 경직되고 교조주의적인 신학에 빠질 우려가 있다. 또한 이러한 '위로부터'의 방법으로는 급변하는 사회적인 상황에서 필요한 신학을 발전시키기 어렵다. 사회는 점점 더 불확실한 상황으로 변해 가고 있는데, 이러한 탈현대적 변화가 일어나는 상황에서는 과거에 얽매이기보다는 사회에서 일어나는 실제적인 변화에 주목하면서 지도자와 구성원이 함께 자기들 나름대로의 대안을 마련해 가는 '아래로부터'의 방법이 적실성을 가질 것이다. 이런 점에서 가나안 성도들은 한국 교회에서도 자기 나름의 생각에 따라 바른 신앙관을 세우기 위한 다양한 토론이 벌어질 수 있기를 기대하고 있다.

# 7
# 가나안 성도들의 교회

**가나안 성도들의 교회 모습**

가나안 성도들은 앞에서 살펴본 이유들로 기성 교회를 떠난다. 그들은 계속 새로운 교회를 찾고 있는데, 일부는 아예 자신들에게 맞는 새로운 교회를 세우기도 한다. 그래서 우리는 가나안 성도들이 모여 있는 '가나안 성도들의 교회' 세 곳을 방문하여 참여 관찰하고 교회 참여자들과 집담회 형식으로 그들의 생각을 들어보았다. 이전에 썼던 글에서는 '가나안 교회'라고 표현했는데, 교회 이름이 실제로 가나안 교회인 곳이 있었다. 이 책에서 이야기하는 가나안 교회와 혼동할 수 있기에 이 글에서는 '가나안 성도들의 교회'로 바꿔서 표현하였다.

세 곳 모두 20명 이내의 적은 인원들이 모여 주일 오후 시간에 예배를 드리고 있었다. 한 곳은 다양한 연령대에 속한 20여 명의 사람들이 참여하고 있었고 안수받은 목회자가 설교를 하고 있었다. 반면에, 다른 두 곳은 10-15명 정도로 대부분 20-30대의 젊은 사람들로 구성되어 있었으며 설교는 신학 교육을 받은 전도사와 일반 평신도가 돌아가면서 맡았다. 세 곳 모두 공간을 빌려서 예배를 드렸다.

    이 세 교회가 가나안 성도들의 교회를 대표한다고 말할 수는 없다. 그리고 교인 모두가 가나안 성도들로만 구성된 것도 아니다. 그러나 세 교회 모두 가나안 성도들이 주도하여 교회를 세웠거나 교인들의 상당수가 가나안 성도로 구성되었다. 그리고 연구 취지를 말했을 때 자신들의 교회가 가나안 성도들의 교회 모습에 가깝다고 인정하였다.

### 가 교회

교회들의 상황을 좀더 자세히 살펴보면, 가 교회는 서울 중심가에 있는 어느 단체의 작은 강당을 빌려서 예배를 드리고 있었다. 이 교회는 특정 목회자의 설교가 좋아서 자발적으로 교회를 세운 경우다. 기존 교회 목회자들의 설교가 성경에 대한 자세한 강해나 기독교 정신에 입각한 합리적인 설교가 아니라고 생각하는 이들이 주축을 이루었다. 이들은 성경 본문에 관계없이 목회자의 자의적 해석에 따라 지나치게 헌금을 강요하거나 목회자의 권위를 강조하는 설교에 지쳐 있었다. 그래서 성경에 입각한 설교를 하는 것으로 알려진 목회자를 초청하여 교회로 모이고 있었다. 교인들은 대부분 교회를 떠났다가 이 교회 목사의 설교를 접하여 인터넷상에서 교류를 하던 사람들이었다. 온라인에서만 만나다가 실제로 교회로 모이고 싶어서 따로 저녁에 설교를 부탁하여 교회 이름을 정해서 모이게 되었다.

    이 교회에서 드리는 예배의 특징은 예전식 예배다. 성공회나 루터교 수준의 예전 예배는 아니지만, 개회 예전, 말씀 예전, 봉헌과 친교 예전, 파송 예전으로 구성되어 있으며, 서서 하는 교독이 여러 번 있고 찬송가도 각 예전마다 여러 장을 불렀다. 조용하고 경건한 분위기의 예배였는데, 강당식 예배당과는 어울리지 않는 느낌이었다. 대개 예전 예배를 드리는 경우에는 목회자도 가운을 입고 스톨을 하면서 예배당 분위기부터 거룩한 느낌을 주도록 배치한다. 그러나 이 교회는 어느 단체의 강당을 빌려 예배를 드리기 때문에 외형적으로 그런 거룩한 분위기를 풍기지 않았다. 십자가도 걸려 있지 않고 강대상도 일반 단체의 연설단을 쓰고 있어 예전을 중시하는 교회의 분위기와 상당히 거리가 멀었다.

그런데 예배 후에 이야기를 나누어 보니 뜻밖에도 성도들은 이런 예배 분위기를 굉장히 좋아했다. 기존 교회들이 드리는 찬양 예배는 산만할 뿐만 아니라 인위적으로 감정을 고조시킨다는 느낌을 받았다. 그에 비해 조용한 분위기의 이 교회 예배는 중간 중간에 여백이 있기 때문에 묵상하듯이 자신을 돌아볼 수 있어서 훨씬 깊은 울림이 있다는 것이다. 이 교회에 참석하고 있는 한 교인은 이 교회에 나오기 전에는 '예전 예배'라는 말도 몰랐다고 한다. 그는 온 교회를 휩쓸어 버린 열린 예배 방식에 너무 질려 있었다. 예배를 통해 깊이 하나님을 만난다기보다는 마치 하나의 쇼나 공연 같은 가벼운 분위기였다. 그런데 예전 예배를 드려 보니까 마음의 평안을 얻었고, 제대로 예배를 드린 것 같은 깊은 만족을 느꼈다. 그래서 아내에게 일단 나가 보자고 제안했다. 만일 아내가 너무 이질적이어서 힘들다고 하면 어려울 거라고 생각했는데 아내도 역시 예전 예배 방식을 좋아했다. 그리고 이 교회에 와서 비슷한 경험을 한 사람들과 이야기를 하면서 '내가 꼭 외톨이는 아니구나' 하는 생각을 했다. 자신과 비슷한 생각을 가진 사람들이 많다는 것을 알고 나니까 의지할 수 있어서 좋았고, 막연하게 그리던 상이 더욱 분명해지면서 신앙에 대한 깊이가 더욱 깊어졌다. 이 교회에 정착해도 되겠다는 생각이 들어 그는 2년째 이 교회를 다니고 있다.

스스로를 '영적 노숙자'라고 표현하는 이들은 자신들의 교회가 영적 노숙자들의 쉼터가 되었으면 하는 바람으로 예배에 참여하고 있다고 말하였다. 최근에는 예배 처소를 다른 곳으로 옮겼는데, 예배당 전면에 큰 성화를 걸어 놓고 강대상에도 절기를 나타내는 천을 둘렀으며, 설교자도 가운과 스톨을 착용하여 이전보다 더욱 예전적인 분위기 속에서 예배를 드리고 있다.

나 교회

두 번째는 유명 대형 교회 출신자들이 모여서 만든 교회였다. 유명 대형 교회에서 문화 사역의 중추 역할을 감당하다 교회 안에서의 사역에 회의를 느낀 이들이 나와서 세운 교회다. 이들이 밖에서 나름의 문화 사역을 수행하다가 교회로 발전하게 되었다. 7년째 모이는데 현재는 문화 사역과 관계없이 다양한 사람들이 서울 외곽의 사무실에서 주일에 모이고 있다. 크지 않은 사무실에 아이들까지 빼곡히 둘러앉아서 예배를 드렸는데, 예배 형식은 일반 교회의 순서와 비슷했다.

이 교회에 참석하고 있는 김원재 씨는 교회가 시작되었을 당시에 대해 이렇게 설명한다. 지금과 같이 교회로 모이기 전에 먼저 온라인 모임에서 시작해 영화도 보고, 공부도 했다. 지속적으로 일정 인원이 모이면서 그들은 대부분 다닐 만한 마땅한 교회를 찾지 못하거나 지금 다니는 교회에서 나오고 싶어 한다는 것을 알게 되었다. 누군가 마음이 맞는 사람들끼리 모여서 예배를 드려 보자는 얘기를 꺼냈고, 그런 생각에 공감한 이들이 예배를 드리기 시작했다. 처음에는 성경 공부 리더 역할을 하고 설교도 하는 간사도 있었다. 그러다가 "평신도 교회를 만들어 우리가 주도해 나가자"라고 의견이 모아졌다. 최근에는 연수가 오래된 사람 위주로 돌아가면서 설교를 하고 있다. 당시 그들 교회에는 기존 교회, 특히 대형 교회 목사와 장로들의 지나친 권위의식에 피해를 입거나 심적으로 거부감을 가진 사람들이 많았다. 이들 사이에 "성경에서 말한 교회의 본질이 무엇인가? 꼭 목사, 장로가 있어야만 교회의 본질을 이루는 것인가? 그것만이 교회 공동체는 아니지 않는가?" 하는 부분에 공감대가 형성되었다. 이들은 교회의 본질을 목사의 설교나 한두 사람의 의견에서 찾지 말고 서로 힘을 합쳐서 찾자는 얘기를 했다. 이런 식으로 7년 동안 모임을 지속하면서 인원도 늘어나고 형태도 조금씩 바뀌어서 지금의 모습을 갖추게 되었다.

이들은 뚜렷하게 기성 교회에 대한 문제의식을 가지고 있었고, 교회 본질에 대한 고민을 하다가 일종의 평신도 교회 형태로 모이게 되었다. 흔히 신학 대학을 나오지 않은 순수한 평신도로만 구성된 교회를 의미하는 평신도 교회는 말 그대로 평신도 집단이 교회 운영에 전면적으로 개입하고, 교회 조직의 중심에 서는 교회를 지칭한다. 목회자가 교회의 비전을 제시하고 교회를 이끄는 것이 아니라, 평신도가 자발적 주체가 되는 것이다. 평신도 교회는 특정한 교단의 교리를 따르지 않고, 개교회주의적이며, 성직자와 평신도의 구분이 전혀 없다는 특징을 갖는다. 넓게 본다면, 신학 대학 출신이 있다고 하더라도 교회 내에서 어떤 특권적 지위를 갖지 않는다면 평신도 교회에 포함시킬 수도 있다.

이 교회의 많은 참여자들은 이 교회의 장점으로 수평적 리더십을 꼽

왔다. 이 교회는 특정 권위자가 정답을 제시하지도 않고 효율성을 명분으로 핵심 구성원 주도로 의사 결정을 하지도 않는다. 그 대신 참여자들 모두 의사 결정에 참여하도록 하기 위해 만장일치제를 도입하였다고 한다. 대부분의 교회에서는 민주적인 의사결정 구조가 유명무실하여 교인들이 자신의 의사를 개진할 기회가 별로 없는 데 반해, 이 교회에서는 모든 사안에 대하여 만장일치로 결정하기 때문에 모든 구성원들의 의견을 듣고 존중해 준다. 어느 한 사람이라도 반대 의견이 있으면 그 사람을 설득하든지, 설득이 안 되면 모든 사람들이 동의할 때까지 기다린다. 결정은 다소 느리더라도 참여자들이 다 함께 자신의 의견을 내놓고 서로 다른 점을 조정하면서 공동체를 세워 가기 위해서다.

일단은 만장일치로 모든 것이 이루어져야 한다는 것을 합의하고 일을 진행시켜 나가요. 대형 교회와는 일의 진행 방식이 완전히 다르죠. 대형 교회에서는 이미 논의 구조가 윗선에서 다 끝나고 내려오거든요. 왜 일을 하는지에 대해서는 충분히 납득이 되지 않더라도 당장 다음 주에 따라야 하는 거예요. 대형 교회에 있을 때 교사를 했는데 일단 교재가 정해지면 그 교재가 맘에 들지 않더라도 어쩔 수 없어요. 무조건 그 교재를 사용할 수밖에 없는 그런 구조예요. 그런데 우리는 그런 것에 대해서 같이 논의하고, 모두가 합의해야 하니까 좀더디죠. 논의 구조를 충분히 거쳐야 하니까 모두가 납득이 될 때까지 계속 미루어지고 더디지만, 함께 도출해 나갈 수 있는 과정이 있다는 것은 좋은 점인 것 같아요.

여기서 당연한 질문이 생긴다. 지금은 스무 명이 채 되지 않기 때문에 이러한 의사결정이 가능하겠지만, 사람들이 많아지면 어려울 것이기 때문이다. 이 질문에 대한 답은 의외로 간단했다. 이러한 의사결정 구조를 유지하기 위해 교인 수가 20명이 넘으면 교회를 분리하기로 했다는 것이다. 최근에는 작은 교회에 대한 관심이 많아져서 20명이 넘으면 분리한다는 교회도 더러 있지만, 당시만 해도 이러한 생각은 전혀 현실적이지 않은 것처럼 들렸다. 그런데 이들은 전혀 웃음기 없는 얼굴로 진지하게 말했다.

안 교회

마지막으로 방문한 곳은 기독교 사상과 학문을 연구하는 단체 회원들이 모여서 만든 교회다. 인문학 연구 공동체인 수유너머와 비슷하게 기독교 관련 연구 공동체인 한 단체가 서울 중심가에 있는 주택 한 채를 임대하여 개별 연구와 공동 연구를 진행하고 있었다. 주택이기 때문에 취침도 가능하여 늦은 시간까지 연구하고 토론하다가 잠을 자기도 하며 공동체 환경을 만들어 가고 있었다. 그러던 중에 주일에 모여서 예배를 드리면 좋겠다는 의견이 나와서 교회 이름을 정하고 주일에 모이기 시작하였다. 주로 남성 회원 중심으로 모이는 연구 활동 외에 부인들까지 동반한 주일 예배를 드리게 된 것이다.

관심을 끄는 것은 이들의 구성이 매우 다양하다는 것이다. 기독교인으로서의 정체성을 뚜렷이 가지고 있는 복음주의자부터 민중 신학을 공부한 사람, 성공회를 좋아하는 사람 그리고 한때 교회를 다녔지만 지금은 무신론자가 된 사람까지 매우 스펙트럼이 넓다. 그러나 어느 누구도 자신의 입장을 강요하지 않고 서로 존중해 준다. 복음주의자라고 자처하는 사람들끼리도 복음주의에 대한 생각이 서로 달라 논쟁이 벌어지기 일쑤다. 무신론자도 자기 나름의 방식으로 예배에 참여한다. 무신론자인데 누구에게 예배를 드리는 거냐고 물으니 신의 존재는 믿지 않지만 공동체 의례가 좋아서 참여한다고 말한다.

설교는 신학교에 다니는 전도사가 주로 하지만, 사회는 교인들이 돌아가면서 맡는데 이때 자기 방식대로 신앙고백을 한다. 사도신경을 자신의 언어로 바꿔서 표현하기도 하며 주기도문도 각자의 버전으로 고쳐서 진지하게 자신의 신앙고백을 한다. 이것은 결코 장난스러운 행동도, 기독교를 풍자하는 행동도 아니다. 이들은 매우 진지하게 예배를 드린다. 이 교회에 참석하는 이 가운데 한 사람은 예배가 아니면 이 모임에 오지 않았을 것이라고 한다. 주중에도 공부와 토론을 위해서 자주 모이기 때문에 굳이 주일에 따로 모일 필요가 없다는 것이다. 예배이기 때문에 주일에 모인다는 사실을 분명히 밝힌다. 이 교회에 출석하고 있는 경순 씨는 이 교회가 필요했던 이유에 대해 이렇게 이야기한다.

1년 반 동안 교회를 안 다녔어요. 그러면서 감정 기복이 엄청 심해졌죠. 물론 교회를 안 다녔기 때문이라고는 생각하지 않아요. 저는 계속해서 사회 집회 활동을 하고, 용산 참사 때도 매일 갔어요. 단체 활동을 많이 했지요. 그러다 보니까 저 자신을 너무 학대하는 기분이 드는 거예요. 그런 단체에서는 자기 자신을 수양하는 것은 별로 없어서 사회 조직하고는 다른 교회가 필요하다는 생각을 했죠. 지금 나에게는 사회 조직이 필요한 시기가 아니라는 생각을 하고 이 교회에 오고 싶어졌어요.

경순 씨는 이 모임의 가장 큰 장점을 "신앙이 강요되지 않는 점, 각자 자기만이 가지고 있는 신앙을 그 상태 그대로 인정해 주는 것"이라고 말한다. 이 교회에서는 무신론자를 포함해서 어느 누구라도 자기 생각을 거리낌 없이 자유롭게 표현하고 다른 사람들과 함께 나눈다고 말한다. 그리고 기독교 신앙은 예수의 삶을 실천하는 것이라고 생각하는 이들은 무엇보다도 일상생활을 중요하게 생각한다. 또한 각자 삶의 영역에서 자신의 신앙고백에 따라 예수와 같은 삶을 사는 것을 추구한다.

**공통 특징**

앞에서 살펴본 대로 가나안 성도들의 교회는 각각의 특징을 가지고 있지만, 세 교회에 공통점이 있다. 첫째는, 적은 수가 모여서 공동체적인 환경에서 인격적인 교제를 하고, 리더십을 공유한다는 점이다. 적은 수가 모이기 때문에 친밀한 대면의 관계를 형성할 수 있다. 예전 예배를 드리는 교회 외에 두 곳은 예배도 둘러앉아 자유로운 분위기에서 드린다. 제도화된 기성 교회와 달리 이들은 특정인이 리더십이나 권위를 독점하지 않는다. 구성원들 모두 자유롭게 의사 표시를 하고 의사 결정 과정에도 참여한다. 이런 점에서 세 교회 모두 평신도 교회를 추구한다고 볼 수 있다. 신학생이나 신학교를 나온 참여자가 있지만 이들이 특별한 권한을 행사하지 않기 때문이다.

나 교회 교인 중 한 사람은 이 교회에 좋은 점이 여러 가지 있지만 사람을 인격적으로 대하는 것이 가장 좋다고 말한다. 예를 들면, 누가 어떤 것을 잘못했을 때에라도 그것에 대해 쉽게 판단하지 않고 같이 고민하고 같이 기도하면서 인격적으로 그 상황을 풀어 가는 것이다. 또한 서로에 대한 감정이나 생각들에 대해서 다 같은 입장에서 정직한 태도를 갖는다. 처음 교회에 온 사람들은 '이 사람들이 싸웠나?' 하고 생각할 수도 있다. 보통 뒤에서는 욕하면서 앞에서는 '나이스'하게 행동하는 것이 사실은 관계를 더 좋게 풀어 나가지 못하는 태도라는 점에 대해서 이들은 많은 생각을 했었다. 그래서 감정 표현이나 속마음을 그대로 드러내고 그것에 정직하게 반응하는 것이 공동체에 더 좋다고 생각했다. 이것은 교인 한 사람, 한 사람이 한 몸의 지체라는 의식에서 비롯된다. 기존 교회에서 지체의 개념은 단지 인간적으로 친하거나 삶을 나누는 정도에 그치는 데 반해, 여기에서는 교회 공동체를 세워 나가는 데 한 사람, 한 사람의 몫을 굉장히 중요하게 생각한다. 말씀 나눌 때뿐만 아니라 청소를 할 때에도 한 사람, 한 사람의 몫이 중요하고 이것이 교회를 건강하게 세운다고 생각한다.

 어느 정도 규모를 갖춘 교회에서는 헌신된 사람들에게 사역이 몰려서 나중에 이들은 지치기 마련이다. 또 다른 헌신된 사람들에 의해 역할이 대체될 때 그 일에 자신을 바쳐온 사람들은 자신들이 마치 기계의 부속품 같다는 느낌을 받는다. 교회 안에서조차 사람보다는 사역 중심으로 돌아가는 것을 보며 소외감을 느끼기도 한다. 그런데 작은 교회는 보다 인격적인 관계를 맺기 때문에 일보다 사람 중심의 관계 속에서 안정감을 누릴 수 있다. 역시 나 교회 교인의 이야기다.

 대형 교회 사역의 문제점은 사람이 어떤 필요에 의한 도구가 된다는 거예요. 그래서 대형 교회에 들어가면 시스템 안에서 하나의 도구로 사용된다는 것이죠. 어떤 사람이 이 역할을 할 수 있다면 그냥 그 사람을 데려다 쓰면 되고, 이 역할을 하고 싶다고 하면 교회에서 훈련을 얼마나 받았는가 하는 최소한의 검증 절차를 거쳐서 그 사람을 데려다 쓰고, 누군가 그 일을 거절하는 사람이 생기면 다른 사람으로 교체하는 식이죠. 이런 구조들이 너무나 강하다 보니까 사람이 그냥 도구처럼 여겨지는 경향이 있었죠. 그런데 여기서는 도구화될 시스템이 없으니 그런 시스템 하에 들어갈 일도 없어요. 설사 그런 시스템을 구축하길 원한다 해도 20명도 안 되는 인원에서 그 시스템을 돌려봤자 무의미한 일이죠. 그러다 보니까 도구로서 활동하다가 소진되어 튕겨져 나가거나, 갑자기 다른 사람이 그 역할을 대체한다는지 이런 것이 없어요. 만약에 누군가 소진되었을 때는 매주 그 사람이 왜 소진되었는지 명확히 눈에 보이니 그걸 체크할 수밖에 없거든요. 그래서 어떤 도구로 최적화된 사람이 아니라, 그냥 어떤 사람인지를 보고 그가 지금 어떤 상태인지를 평가해 주니까 여기에서 활동하는 것이 좋은 것 같아요.

또 한 가지 특징은 이들은 주일 오후의 편안한 분위기에서 모여 예배를 드리고 주일 이외에는 다른 모임이 없다는 것이다. 여느 교회들처럼 오전이 아니라 오후에 모이는 것은 주일 아침에 시간에 쫓기듯 준비하여 교회에 가지 않고 한가로운 오후 시간에 여유롭고 편하게 모이기 위해서다. 또한 오전에 기성 교회에 출석하는 사람도 오후에 자유롭게 참석할 수 있도록 하기 위해서였다. 이들은 주일 예배에 집중하고 이 시간에 삶을 나누고는 삶의 현장으로 돌아간다. 평일에 성경 공부 모임을 하는 경우도 있으나 기본적으로는 일상생활에서 신앙을 실천하는 것을 중시하는 일종의 '흩어지는 교회'를 표방한다. 그러나 주일 예배 이외에 다른 모임이나 활동을 거의 하지 않기 때문에 기존의 교회 전통에서 보면 교회가 마땅히 해야 할 사역을 하지 않는다는 점이 한계로 여겨질 수도 있다.

마지막으로 중요한 공통점이자 특징은 이 교회들은 예배 후에 그 날의 설교에 대해 대화를 나눈다는 것이다. 이 세 교회 모두 설교 후에는 매일 설교에 대해 받은 감동을 나누기도 하고, 정확하게 이해가 되지 않은 내용에 대해서는 질문을 하며 자기 의견을 제시하기도 하고 심지어는 설교에 대한 비평을 하기도 한다. 나 교회에 출석하는 원재 씨는 교회에서 설교의 의미에 대해 이렇게 설명한다. 이 교회에서는 교회의 질서라든지 말씀의 해석에 대해서 누가 독점하지 않는다. 목사나 간사나 리더와 같은 사람들이 성경 해석이나 교회 운영을 독점하지 않는다는 것이다. 누구나 자율적으로 의견을 말할 수 있고 성경에 대해서도 여러 가지 해석이 가능하다. 보수적인 것, 진보적인 것, 이슈에 있어서도 소수자 운동이나 일반 교회에서 다루지 않는 여러 가지 이슈들을 다루고 있다. 특히 일반 교회에서는 이런저런 이유로 안 되고, 어떤 것은 죄라고 단정해 아예 얘기도 못하게 하는 분위기지만, 이 교회에서는 그런 이슈들 자체를 부각시키고 모두 다 꺼내 놓는다. 그리고 서로의 생각을 맞춰 나가는 식으로 입장을 정리한다.

그렇기 때문에 구성원 개인들의 책임이 더 요구된다. 일반 교회에서는 특정인이 어떤 일을 독점하고 있기 때문에 그만큼 그 사람이 더 큰 책임을 지고 나머지 사람들은 책임을 지지 않는 구조다. 큰 교회일수록 그런 경향이 더 심할 것이다. 그러나 이 교회는 규모가 작고 관계들이 친밀하기 때문에 수평적 논의가 가능하다. 따라서 보다 공동체적인 환경을 만

드는 데 유리하다. 일반 교회에서는 절대적인 권위를 가지고 있는 목회자의 설교에 다른 의견을 제시하기란 사실상 불가능하다. 이견을 제시한다고 하더라도 충분한 논의 구조를 가지고 있지 못하기 때문에 무시되기 마련이다. 그러나 이 교회에서는 설교자가 설교를 하면 그것에 대해 청중의 관점에서 자신의 생각이나 신앙적인 고백들을 나눔으로써 오히려 설교가 완성되어 간다고 생각한다. 따라서 이 교회 구성원들은 설교에 대해서 더 적극적으로 반응하는 것을 장려한다.

가나안 성도들의 교회는 아니지만, 최근에 등장한 여러 형태의 대안적 교회들 중에는 예배 처소를 주일에만 빌리거나 가정에서 소규모로 모이면서 예배 후에는 설교에 대해 토론하는 경우가 적지 않다. 설교 후에 설교 내용에 대해 토론을 하고 설교자에게 설교에 대해 질문을 한다는 것은 기성 교회에서 상상하기 어려운 모습이다. 그것은 4장에서도 다루었듯이, 교회 전통에서 '케리그마'로 표현되는 설교는 하나님의 대변자인 목회자가 하나님의 말씀을 선포를 하는 것으로 이해되고 있어, 상당 부분 일방성을 가질 수밖에 없기 때문이다.

한 교회에서는 자신들의 생각을 이렇게 정리한다.

공동체 예배에 있어 설교는 일방적인 선포나, 지시, 교훈과 궤를 달리합니다. 그것은 고백과 나눔의 출발점이자, 더 깊은 고백과 나눔을 위한 통찰력의 원천입니다. 이를 위해 우리는 초대교회의 전통을 따라 특정 직분이나 직책에 있는 1인에 의한 일방적인 말씀 선포를 지양하고 공동체적 말씀 나눔을 지향합니다.

공동체적 말씀은 공동체적 분별과 나눔을 기초로 합니다. 서로 짐을 나누어 짐으로써 한 사람에게 과중한 짐이 지어지지 않도록 하는 원리는 말씀에도 적용됩니다. 말씀의 독점은 교회 내 권력을 파생시키고, 이는 늘 역사적인 맥락에서 교회의 왜곡에 결정적인 시발점이 되었습니다. 이런 까닭에 우리는 ○○교회의 정회원으로 참여하는 모든 구성원들이 각자의 수준과 분량에 맞는 말씀으로 공동체를 섬기도록 요청합니다.

한 사람의 지성과 역량에 기대지 않고 공동체적 나눔을 신뢰하는 것은 단순히 평신도로서 설교하는 부담을 극복하게 돕는 것은 물론, 말씀을 다양한 시선에서 보다 깊고 풍성하게 나누는 기초가 됩니다. 우리는 탁월한 한 사람의 설교자보다 공동체를 통해 말씀하시는 하나님의 능력과 약속을 믿습니다. 이를 위해 우리는 20분 남짓한 설교 시간 후, 좀더 긴 호흡으로 설교에 대해 묻고 답하며 이러저러한 의미를 나누는 시간을 설교 못지않게 중요한 과정으로 여깁니다.

말씀에 대한 이해와 삶의 경험이 서로 다른 지체들이 돌아가며 설교를 맡는 까닭에, 매주의 설교는 일정 부분 편차가 있을 수밖에 없습니다. 공동체 나눔은 이러한 차이를 넉넉히 극복하게 하는 능력의 원천이 됩니다. 신학적인 배경이 약해도, 묵상을 통한 이해가 좀 부족해도 괜찮습니다. 공동체를 생각하며 할 수 있는 한 최선을 다해 준비한 말씀이라면 그러한 부족함은 나눔 시간을 통해 충분히 메워질 수 있기 때문입니다. 자신의 능력보다 공동체를 통해 말씀하시는 하나님에 대한 신뢰는 설교에도 동일하게 적용됩니다.

물론 말씀 나눔의 시간에는 모든 지체들에게 발언권이 주어지며, 본문과 관련된 어떠한 이야기도 자유로이 나눌 수 있습니다. 여기에는 설교자의 맥락에 대한 공감, 질문 외에 맥락과 다른 생각, 삶에 대한 고백 등등 일체가 포함됩니다.

우리 교회는 목회자를 비롯한 전문 사역자들의 역할과 필요성을 부정하지 않습니다. 다만 그러한 이들이 성경이 요구하는 것과 같은 '섬기는 자'의 자리를 벗어나 '주장하는 자'의 자리에 서려 하는 것을 거절할 따름입니다. 만약 신학을 비롯한 성경 해석에 있어 전문적인 교육이나 훈련을 받고, 이러한 지식으로 겸손히 교회와 지체들을 섬기려 하는 평신도 의식을 지닌 사역자가 있다면 우리는 그를 마다하지 않을 것입니다.

이런 점에서 가나안 성도들의 교회에서 설교에 대해 토론을 한다는 것은 기존의 교회 전통과는 사뭇 다른 특징을 드러내는 것이고 그들의 신앙관과 교회관을 표출하는 행위로 이해된다. 위에서 살펴본 대로 가나안 성도들은 신앙은 고착화된 것이 아니며 다른 사람에 의해 정답이 제시되거나 강요되는 것이 아니라 자신이 질문하며 스스로 답을 찾아가는 것이라 생각한다. 그리고 교회는 이러한 과정을 수용하며 서로의 의견을 조정하고 공동체를 이루어 가는 것이라는 생각이 여기에 녹아 있다. 이러한 특징이 자칫 기성 교회와 갈등을 야기할 가능성도 있으나 앞으로의 사회가 더욱 다원화될 것임을 감안할 때 교계에서 깊이 있는 논의가 이루어져야 할 것이다. 이미 신학계에서는 전통적인 설교에 대한 대안을 찾기 위한 논의가 이루어지고 있다. 그중의 하나는 설교를 일방향의 선포가 아닌 소통의 측면으로 이해하는 것이다.[14] 일부 교회에서는 설교할 때 교인 중 한 사람이 간증을 하기도 하고 설교자가 대화를 시도하여 기존 설교와는 다르게 양방향식 설교를 하는 경우도 있다.

**가나안 성도들의 교회가 대안이 되려면**

여기서 소개한 내용들을 기존의 교회 전통에서 보면 교회라고 인정하기 어려운 부분들도 있으나 이 글에서는 신학적인 판단보다는 단순히 '믿는 이들의 모임'이라는 뜻으로 교회라고 지칭하였고, 자신들 스스로 교회라는 이름으로 모이고 있었기 때문에 이를 존중하여 교회라고 표현하였다. 그리고 이 교회들에 대하여 옳고 그름을 따지는 것은 이 연구의 목적이 아니다. 그보다는 이들이 기성 교회를 떠나서 스스로 새로운 교회를 만들게 한 요인들을 파악하고자 한 것이 연구의 목적이다.

연구자로서 볼 때, 이들이 일종의 대안 교회 운동을 한다고 보기는 어려웠다. 당시에 이들을 관찰하면서 받은 느낌은 자신들의 필요를 위해서 모였을 뿐 자신들을 한국 교회의 대안으로 내세우려 한다는 생각은 없었다. 실제로 가 교회의 경우 교회 창립에 대한 내용에 정통 교회를 표방한다고 명시해 놓아서 대안 교회나 새로운 교회 운동을 하는 것은 아니라고 하였다. 그런데 아쉽게도 현재 안 교회는 더 이상 모임을 갖고 있지 않다. 자세한 내부 사정을 알 수는 없지만, 워낙 다양한 사람들이 모였기

---

14 이와 관련하여 루시 앳킨슨 로즈, 『하나님 말씀과 대화 설교: 변혁적 설교로서의 대화 설교』 (이승진 옮김, 기독교문서선교회, 2010)를 보라.

때문에 서로의 필요가 달라서 공동체를 이루기 어려웠던 것으로 추측할 뿐이다.

최근에는 보다 적극적으로 가나안 성도들이 모여서 여러 가지 모임을 갖는 경우도 있는 것으로 알려지고 있다. 기성 교회에 대한 불만족이나 문제의식을 가진 사람들이 모인다면 일종의 동질감이나 동류의식이 결속력을 강화시키는 데에는 도움이 될 것이다. 그러나 이것이 단순히 상한 감정을 가진 사람들의 모임에 지나지 않는다면 한국 교회나 자신들에게도 큰 도움이 되지 않을 것이다. 중요한 것은 이러한 문제의식이 스스로를 갱신시켜서 새로운 가능성으로 나아갈 수 있느냐 하는 것이다.

사회 운동의 측면에서 볼 때, 변혁의 움직임은 주도권을 쥐고 있는 사회 구성의 중심부가 아니라 주변부인 변방에서 일어나기 쉽다. 기득권을 장악하고 있는 중심부에서는 변화의 움직임에 둔감하고 문제의식도 약하기 때문에 변혁의 주체가 되기 어렵다. 마찬가지로 여전히 어느 정도의 교세를 유지하고 있는 대형 교회의 지도자들은 현재 한국 교회의 문제를 체감하기 어렵다. 따라서 한국 교회를 갱신하기 위한 대안의 가능성은 가나안 성도들을 포함하여 주변부에 위치한 이들이 전체 한국 교회에 영향을 미칠 만큼 뚜렷한 흐름을 형성할 수 있는지 여부에 달려 있다. 곧 '광야의 목소리'가 중심부 안으로 그 울림을 전달할 수 있느냐 하는 것이 관건이다. 중심부에 예언자의 통찰력을 가진 선각자들의 도움이 있다면 훨씬 수월할 것이다.

또 한 가지 중요한 점은 교회 개혁 운동은 단순히 현실 교회 내부의 문제점들을 개선하는 것으로는 충분하지 않다는 것이다. 가나안 성도들의 교회가 아니라도 현재 한국 교계에는 다양한 개혁 운동이 전개되고 있고, 일종의 대안 교회나 실험 교회들도 속속 등장하고 있다. 이들은 저마다의 문제의식에 더하여 오늘날에 필요한 교회의 모습을 그리며 새로운 교회 운동을 벌이고 있다. 그런데 많은 경우 이 문제의식이 교회 내부의 문제, 곧 리더십이나 재정 운용 등에 국한되어 있다는 한계를 가지고 있다. 그래서 교회 내부 문제에 대해서는 매우 민감하고 높은 수준의 개혁을 추구하지만 교회 외부에 대해서는 관심이 없는 경우가 많다. 결국 우리끼리 잘 어울릴 수 있는 공동체를 만들려고 할 뿐 우리 사회의 다른 구성원들에 대한 관심이 부족한 것이다.

공동체가 외부와는 단절된 채, 안으로의 결속에만 집중한다면, 일종의 동류 집단이라고 할 수 있는 공동체는 '끼리끼리'의 집단으로 전락하고 변질될 것이다. 이른바 '변화산 신드롬'에서 벗어나지 못하는 것이다. 그리고 공공성과는 아무 관계가 없이 공동체 자체가 사사화(私事化, privatization)할 수도 있다. 이러한 사사화된 종교성은 공적인 책임에는 무관심하기 때문에 설사 그들만의 공동체가 존재한다고 하더라도 건강한 공동체라고 보기 어렵다. 따라서 이러한 운동이 의미 있는 대안이 되기 위해서는 보다 확장된 공동체 개념과 좁은 교회의 울타리를 넘어 우리 사회 전체를 내다볼 수 있는 사회관도 필요하다.

이를 위해서는 먼저 가나안 성도 현상을 보다 객관적으로 이해할 필요가 있다. 가나안 성도 현상은 우리 사회에서만 일어나는 특수한 현상이 아니다. 세계 교회 역사 안에서도 이와 유사한 현상이 있었다. 뿐만 아니라 우리 역사 안에서도 이 현상의 단초라 여길 만한 현상이 이미 일어난 바 있다. 다음 장에서는 이와 관련된 내용들을 다룰 것이다.

# 2부
## 가나안 성도 현상에 대한 이해

# 8 탈현대와 소속 없는 신앙

**탈현대 시대의 신앙**

이제까지 가나안 성도들의 특징과 가나안 성도들이 되는 이유 그리고 가나안 성도들의 교회에 대하여 살펴보았다. 8장과 9장에서는 현대 사회의 특징과 연결하여 가나안 성도 현상을 분석해 보고자 한다. 먼저 생각해 볼 것은 '탈현대성'이다. 오늘날 사회에 대하여 학자들은 '탈현대성'을 말한다. 이제까지 당시대를 표현하는 '현대'라는 말로는 설명할 수 없는 새로운 사회가 등장했기 때문이다. 근대화의 기획 이래, 현대 사회는 절대 진리와 보편 법칙과 같은 거대 담론이 주류를 형성해 왔다. 근대 사회를 추동하는 힘은 진보의 개념이었으나, 탈현대성을 지지하는 학자들은 역사의 진보라는 가정이 무너졌다고 말한다. 탈현대성의 관점에서, 역사에 대한 전반적인 개념화를 의미하는 거대 서사는 더 이상 존재하지 않으며, 존재하는 것은 어떤 자연적 중심도 갖지 않는 무한한 수의 서로 다른 역사들과 지식의 형식들뿐이다. 인간의 이성에 기반한 과학은 권위를 실추하고, 다양하지만 동등한 중요성을 지닌 가치와 성향들의 존재를 인정하게 된 것이다. 이러한 점에서 탈현대의 세계는 고도로 다원화된 세계라고 할 수 있다.

이러한 탈현대 사회에서는 집단보다는 개인이 중시된다. '우리'라는 집단에 매몰되기보다는 자신을 찾고 느끼려는 경향이 강해진다. 우리 사회에서 최근 독신 가족이 급증한 것도 이러한 가치관의 변화에 영향을 받은 바가 크다. 그리고 사회화의 기능을 담당하는 공식 기관인 학교를 떠나는 탈학교 경향도 강해지고 있다. 따라서 앞으로의 사회는 '전문화되고 개성이 넘치는 개인주의 사회'가 될 것이다. 이것은 근대 사회에서 등장한 개인과는 또 다른 특성을 지닌다. 그것은 바로 '소속 없는 개인'이라는 점이다. 이들은 사회 역할을 부과하는 획일적이고 상투적인 규범에 의존하지 않고 자신의 욕망대로 살겠다는 의지를 지니고 있다. 성 해방 운동, 가족적 풍속의 해방, 이혼과 독신 생활의 증가는 모두 강요된 소속 의식을 대신하여 개인의 독립을 내세우는 '탈제도화' 개인주의 혁명의 모습이라고 할 수 있다.[15]

이러한 변화에 따라 탈현대 사회에서는 종교성도 바뀌게 된다. 탈현대 시대의 사람들은 제도 종교의 의례, 가르침, 계율은 따르지 않으면서 개인적인 신앙생활을 선호하는 경향이 강해진다. 영성은 추구하지만, 더 이상 제도 종교에 소속되어 강요당하길 원하지 않는 "영적이지만 종교적이지는 않은"(spiritual but not religious) 특성과 "믿기는 하지만 소속되기는 원하지 않는"(believing without belonging) 특성을 나타내는 것이다. 그리하여 현대 사회에서 종교는 실존의 문제라기보다는 하나의 기호로 여겨지며,

---

15 이에 대하여는 정재영, 『한국교회, 10년의 미래』(SFC 출판사, 2012), 6장을 보라.

그것이 갖는 이미지에 따라 선호되기도 하고 배격되기도 한다. 이 두 영어 표현은 책 제목이기도 한데 서양에서 종교성의 변화를 잘 나타내는 말로 다음에서 자세하게 살펴볼 것이다.

최근 우리 사회에서 가톨릭이 급성장하고 있는 것이 이러한 현상을 잘 보여 주고 있다. 2005년 인구 총조사 결과, 개신교는 1.6퍼센트 감소한 데 반해, 가톨릭은 74.4퍼센트라는 경이로운 성장을 보여 극명한 대조를 이루었는데 이것은 가톨릭 자체 통계보다도 48만 명이 많은 것이었다.[16] 가톨릭의 통계는 보수적으로 영세를 받은 사람들만 가톨릭 신자로 인정하여 신자 수를 집계한다. 당시 가톨릭 신부들은 가톨릭 신자들이 늘었다고는 하지만 고해성사도 하지 않고 미사에도 참여하지 않는 냉담자들이고 상당수는 영세도 받지 않았기 때문에 그리 환영할 만한 일이 아니라는 반응이었다. 냉담자는 가톨릭 신자이면서 고해성사나 미사에 참여하지 않는 비활동 신자를 가리키는 말이다. 따라서 인구 총조사에서 자신의 종교를 가톨릭이라고 답한 사람들 중 상당수는 미사에도 잘 참여하지 않는, 가톨릭 식의 가나안 성도들인 것이다. 최근 가톨릭 발표에서도 2013년 영세자 수는 전년 대비 10.0퍼센트가 감소한 것으로 나타났다. 그리고 다른 성사 지표들의 감소세 역시 지속됐다. 고해성사는 전년 대비 4.7퍼센트, 주일미사 참여자는 5.1퍼센트, 첫 영성체는 4.4퍼센트 등으로 각각 감소했다. 총 신자 대비 주일 미사 참여율 역시 전년 대비 1.5퍼센트 하락한 21.2퍼센트에 그친 것으로 나타났다.

---

16 우리 사회의 종교 인구 변동에 대하여는 최현종, "종교 인구에 대한 센서스 결과 분석," 「신학과 실천」, 제24호(2010년 9월), pp. 371-397를 보라.

이것은 우리 사회에서 종교가 더 이상 실존의 차원과 무관하다는 것을 의미한다. 기독교가 처음 이 땅에 들어왔을 때에는 신종교로서 국가와 사회로부터 박해가 있었기 때문에, 기독교로 개종한다는 것은 매우 심각한 결단을 요구하는 일이었다. 그러나 기독교가 전래된 지 100년(가톨릭 기준으로는 200년)이 훨씬 더 지난 오늘에는 기독교 신앙을 갖는다는 것이 그렇게 강한 정체성의 변화를 요구하지 않을 수 있다. 그리고 5장에서 살펴보았듯이, 포스트모던 사회에서는 교리와 교회에 대한 충성도가 더욱 약해지고 자기 식의 신앙을 추구하게 됨으로써 종교인으로서의 정체성은 더욱 약화될 가능성이 높다.

실제로 개신교에서 가톨릭으로 옮겨간 개종자를 심층 면접한 결과에서도 이들은 가톨릭 신자로서의 정체성이 낮았으며 대부분 가톨릭교회가 가지고 있는 이미지에 이끌려 개종을 한 경우가 많았다.[17] 신자들 스스로 성스러움을 실천하려고 하기보다는 성당이나 신부들이 가지고 있는 성스러운 이미지를 '소비'하고 있다는 인상이 강했다. 자신들 스스로 성스럽게 되려 하기보다는 성직자나 성당의 성스러움에 만족하며 그것을 '소비'하는 것이다. 현대 사회에서 상품의 기호나 이미지를 소비하듯이 종교적인 성스러움도 '소비'의 대상이 된 것이다. 낮은 종교 정체성은 바로 이러한 현대 사회 특성을 반영하는 것으로 볼 수도 있다.[18] 이에 대해서는 이 장의 뒷부분에서 자세하게 다루도록 하겠다.

---

17 조성돈·정재영 엮음, 『그들은 왜 가톨릭으로 갔을까』(예영커뮤니케이션, 2007), 4장을 보라.
18 같은 글.

## 서구의 경험

가나안 성도 현상은 우리 사회에서만 일어나는 현상이 아니다. 이미 20년 전에 교회를 떠난 사람들에 대하여 연구한 바 있는 영국의 종교 사회학자인 그레이스 데이비(Grace Davie)는 영국에서 교인 수가 감소하는 것을 기독교의 쇠퇴와 동일시할 수 없다고 주장했다. 영국에서는 성공회가 국교이고 전체 인구의 절반 이상이 기독교인이지만, 주일에 교회에 출석하는 사람은 갈수록 줄어들고 있다. 흔히 알려졌듯이 거대하고 웅장한 교회 건물이 주일에도 텅텅 비고 일부는 식당이나 술집으로 바뀌었을 정도다. 그러나 이렇게 세속화한 영국에서도 놀라울 정도로 많은 사람이 여전히 기독교 신앙을 가지고 있고, 교회는 안 나가도 하나님은 믿고 있으며 대다수는 확신은 없어도 스스로 기독교인이라고 여긴다.

이것이 그레이스 데이비가 "소속 없는 신앙"(Believing Without Belonging)이라는 부제를 달고 있는 그의 저서 『1945년 이후 영국의 종교』(Religion in Britain Since 1945)에서 연구한 결과다. 그의 연구에 따르면, 상대적으로 세속적인 국가들에서도 상당히 높은 수준의 신앙을 보여 주고 있기 때문에, 사람들은 "소속되지 않고 믿는" 것이며, 다수가 아직도 자신을 기독교인으로 규정하고 있다는 것이다. 일종의 문화화한 기독교라고 할 수 있는데, 이러한 일반화된 사회적 기억으로 종교가 얼마나 오래 생존할지는 분명하지 않다. 제도로서의 종교가 쇠퇴한 뒤에도 한 세대 정도는 기독교가 살아남을지 모르지만 30-40년 뒤의 상황은 알 수 없기 때문이다.[19]

유럽에서는 교회에 더 이상 출석하지 않는 대부분의 사람들이 여전히 하나님의 존재를 믿고 있으며, 확신하지 못하는 경우에도 무신론자처럼 부정하지는 않는 것으로 알려져 있다. 유럽인들이 기피하고, 의도적으로 거부하는 것은 제도화된 종교다. 그들에게 어떻게 행동해야 하고, 무엇을 믿어야 하며, 어떤 예식을 따라야 하는가를 말하는 교회에 소속하는 것을 피하고 싶은 것이다. 유럽인들은 자기 나름대로 자신의 삶의 방식을 자유롭게 결정하고 싶고, 자신의 기호대로 맞춤식 영성을 찾고 싶어 한다. 세속화된 유럽인들에게 종교는 사적이고 개인적인 영역이다. 그들은 다른 사람들의 신앙을 인정하지만, 남에 의하여 생활방식을 강요받는 것을 원치 않는다. 그들은 남이 종교 생활하는 것을 반대하지 않지만, 그런 종교에 의해 그들의 삶이 침해받길 원치 않는다. 남에게 관용을 보인 만큼, 그들도 남에게 그러한 관용을 요구하는 것이다.

이와 관련하여 미국의 종교 사회학자들도 종교 단체에 속하지 않으면서 여전히 종교적인 문제에 답을 찾고자 하는 사람들을 가리켜 "영적인 구도자"(spiritual seeker)라는 말을 사용하였다. 그래서 "영적이지만 종교적이지 않은"(spiritual but not religious)이라는 표현으로 종교 단체에 속하지 않지만 여전히 영적인 욕구를 가지고 있는 사람들에 대한 다양한 연구가 진행되어 왔다. 그중에 로버트 풀러(Robert Fuller)는 전체 미국인들 중에 거의 40퍼센트가 종교 단체와 연관이 없지만 이들 중 많은 이들이 여전히 집에서 예배를 드리거나 영적인 삶을 살고 있다고 말한다. 그리고 이러한 현상은 최근에 생겨난 것이 아니라 19세기 중반부터 있어 왔는데

---

19 이에 대하여는 Grace Davie, *Religion in Britain Since 1945: Believing Without Belonging* (Oxford: Oxford University Press, 1994)을 보라.

교인 수가 17퍼센트를 넘지 않았던 식민지 시대에도 교회 밖에서 점성술, 수비학, 마술과 같은 영적인 것들에 관심이 있었다고 말한다.[20]

이러한 점에서 교회를 떠나거나 교회에 소속되지 않는다는 사실이 종교의 쇠퇴를 의미하는 것으로 단정할 수 없다. 종교의 쇠퇴를 의미하는 종교 세속화 이론에 대한 비판 중의 하나는 서구의 학자들이 종교 자체를 기독교로 상정하는 오류를 범한다는 것이다. 곧 서구인들의 인식에서 종교란 곧 기독교라고 생각하기 때문에 기독교의 약화나 쇠퇴를 종교 자체의 쇠퇴로 보고 종교의 세속화를 이야기한다는 것이다. 그러나 위에서 언급한 연구들은 기독교가 약화되거나 사람들이 교회에 속하지 않으면서도 다양한 종교적인 욕구들을 가지고 있고 여전히 종교적인 구도자가 되고 있다는 것을 보여 주고 있다. 이에 대하여는 다음 장에서 보다 자세하게 살펴보도록 하겠다.

미국에서는 이미 1970년대의 조사에서 미국인 10명 중 8명 정도가 "개인이 교회와 독립적으로 자신의 종교 신앙을 가져야 한다"는 데에 동의하는 것으로 나타났고, 비슷한 비율의 사람들이 "교회나 회당에 참석하지 않는다 하더라도 좋은 기독교인이나 유대교인일 수 있다"고 응답하였다.[21] 그리고 6장에서 살펴본 바와 같이 로버트 벨라의 연구에서 나타난 쉴라교는 특정 종교의 입장보다는 자신의 개인적 필요에 따라 접촉할 수 있는 다양한 종교 원천으로부터 필요한 것을 소비하는 경향을 의미

---

20 Robert C. Fuller, *Spiritual But Not Religious: Understanding Unchurched America* (New York: Oxford University Press, 2001).

21 Princeton Religion Research Center, *The Unchurched American* (Princeton NJ: The Gallup Organization, 1978).

한다. 벨라는 이미 1960년대에 발표한 글에서 현대 종교의 특징을 이원론의 붕괴로 보면서 매우 복잡한 하나의 세계가 단순한 이중 구조를 대체했다고 설명하였다. 벨라에 의하면, 인간의 의미 추구가 종교에 덜 국한되어 종교적으로 엄격히 규정된 교리적 정통주의와 도덕적 표준의 객관적 체계가 붕괴된다는 것이다.[22]

이와 관련하여 벨라의 제자인 로버트 우스노우는 오늘날 미국이 겪고 있는 심대한 가치의 위기가 오히려 사람들에게 초월성을 추구하도록 자극한다고 보았다. '개인적'으로 새로운 영적 수단의 탐구이며 거룩한 순간을 찾는 것을 뜻하는 '추구의 영성'(spirituality of seeking)은 그동안 전통 종교가 제공한 것으로서 교회, 성당 같은 특정의 거룩한 장소에서 초월성을 경험하는 '거주의 영성'(spirituality of dwelling)을 대체하고 있다고 말한다.[23] 다시 말해서 제도 종교에 정착하여 신앙생활을 하기보다는 다양한 가능성에 대해 개방성을 갖고 새로운 영적 가능성을 추구한다는 것이다.

이러한 개인주의화 경향은 보이지 않는 교회로서의 특성을 강조하게 된다. 보이는 교회, 역사적 교회, 기성 교회를 부정하는 경향을 부추기면서 이른바 "교회를 떠난 기독교인들"(unchurched Christian)을 양산해 내는 결과를 가져오게 된다.[24] 여기서 우스노우가 미국인들의 복잡한 사회 현실이 많은 미국인들을 영적인 노숙 상태에 빠뜨리고 있다고 표현한 점이

---

22  이에 대하여는 로버트 엔 벨라, 『사회변동의 상징구조』(박영신 옮김, 삼영사, 1997)를 보라.
23  Robert Wuthnow, *After Heaven : Spirituality in America Since the 1950s* (Berkeley: University of California Press, 1998).
24  미국 교계에서는 1990년대 이후 Churchless Christian이 이슈가 되었으며, 이와 관련된 서적도 여러 권 출판되었다.

흥미롭다. 앞에서 살펴본 가나안 성도들의 교회의 사례에서 이들이 스스로 '영적 노숙자들의 쉼터'가 되기를 바란다고 말한 것과 같은 표현이기 때문이다.

기독교 전문 리서치 기관인 바나 그룹의 대표인 데이비드 키네먼(David Kinnaman)은 『청년들은 왜 교회를 떠나는가』(You Lost Me)에서 왜 미국의 청년들이 교회를 떠나고 있는지에 대해 바나 그룹을 통해 조사 연구하였다. 키네먼은 이전에 출판된 『나쁜 그리스도인』(Unchristian)에서 교회 밖의 미국 젊은이들의 기독교에 대한 생각을 보여 주었는데, 이 책의 영어 제목인 'Unchristian'은 기독교인답지 못한 기독교인을 가리키는 말이다.[25] 이러한 내용은 이 책의 4장에서 살펴본 '신앙과 삶의 불일치'의 내용과 매우 유사하다.

『나쁜 그리스도인』이 비기독교인들이 교회를 바라보는 시각을 다루었다면, 키네먼은 후속작이라고 할 수 있는 『청년들은 왜 교회를 떠나는가』에서 젊은 기독교인들이 왜 교회를 떠나고 자신들의 신앙에 대해서 다시 생각하는지를 보여 준다. 그는 10대에 교회에 나온 미국 젊은이들의 60퍼센트 가까이가 고등학교 졸업 후에 교회를 떠나고 있다는 충격적인 말을 한다. 그들이 교회를 떠나는 이유로는 교회가 신앙에 대한 의문을 무시하는 것, 예술이나 과학은 기독교인들의 소명이 될 수 없다며 사기를 꺾는 것 등이 언급된다. 그래서 이 젊은이들은 자신의 부모나 다른 나이 든 어른들로부터 고립감을 느끼게 되는 것이다. 결국 미국의 기

---

25 데이비드 키네먼·게이브 라이언, 『나쁜 그리스도인 : 현대 기독교 이미지 평가 보고서』(이혜진 옮김, 살림, 2008).

독 청년들은 교회가 자신들의 관심과 필요를 이해하지 못하고 실제적인 지침을 주지 못한다고 생각하게 된다. 그럼에도 키네먼이 희망을 갖고 있는 것은 이들이 교회는 떠났을지언정 신앙의 끈을 놓지는 않았기 때문이다.[26]

그는 교회를 떠난 젊은이들을 유목민, 망명자, 탕자라는 유형으로 분류하여 설명하는데, 유목민 유형은 한마디로 방랑자다. 이들에게 신앙은 필수가 아닌 선택 사항이고 주변적이다. 이들은 교회 출석에 얽매이지 않고, 그리스도인 공동체로부터 자신들을 의도적으로 격리한다. 반면에 탕자 유형은 신앙을 완전히 떠난 사람들이다. 이 유형에는 무신론자와 불가지론자들 그리고 다른 신앙으로 개종한 사람들이 포함된다. 마지막으로 망명자 유형은 교회에서 자랐으나 지금은 물리적으로나 정서적으로 교회와 단절된 사람들이다. 하지만 여전히 신앙을 추구하고자 하는 여력이 있다. 이들은 제도화된 교회를 불편해하고 교회 밖에서 역사하시는 하나님을 체험한다. 가나안 성도와 가장 유사한 유형이라고 할 수 있다.

또한 윌리엄 헨드릭스(William D. Hendricks)는 면접 조사를 통해서 교회를 떠나는 사람들의 이야기를 들려주고 있는데, 미국에서는 매주 5만 3천 명이 교회를 떠나 다시는 돌아오지 않고 있다고 말한다. 이들이 교회를 떠나는 원인으로는 대인관계의 갑작스런 단절, 해결되지 않은 갈등, 또는 문제에 대한 불공정한 해결 방식 등을 들고 있다.[27] 교회를 공동체라고

---

26 David Kinnaman, *You Lost Me: Why Young Christians Are Leaving Church…and Rethinking Faith*(Grand Rapids, Mich.: Baker Books, 2011). 『청년들은 왜 교회를 떠나는가』(이선숙 옮김, 국제제자훈련원, 2015).
27 William D. Hendricks, *Exit Interviews: Revealing Stories of Why People are Leaving the Church*(Chicago: Moody Press, 1993).

말하지만, 현실의 교회에서는 많은 사람들이 인간관계에서 어려움을 겪고 있을 뿐만 아니라, 이러한 갈등이 납득할 만한 방식으로 해결되지 않고 있다. 이것이 교회에서 신앙생활을 유지하기 어렵게 만들고 있다는 것이다.

이렇게 교회를 떠나는 젊은이들이 늘자 이에 대한 대책을 제시하는 출판물들도 쏟아져 나왔다. 『영적이지만 종교적이지 않은』이라는 제목의 또 다른 책을 쓴 스벤 얼랜드슨(Sven E. Erlandson)은 미국 교회들이 시대에 뒤떨어지고 이해하기 어려운 이야기와 음악을 고수했고, 결과적으로 그런 안이한 태도가 사람들이 미국 교회에 등을 돌리게 만들었다고 말한다. 사람들은 영적인 욕구를 가지고 있지만, 오늘날 미국 교회들은 그 필요들을 채워 주지 못하고 있음을 경고하면서 이제 미국 교회에는 혁명적인 변화가 필요하다고 역설하며 이를 위한 실제적인 전략들을 제시한다.[28] 존 보웬(John P. Bowen)은 왜 어떤 젊은이들은 교회를 떠나고 어떤 젊은이들은 여전히 교회에 머물러 있으며 때로 어떤 젊은이들은 교회로 되돌아오는지에 대해서 설명하며 미국 교회들에게 조언하고 있다.[29] 또한 밥 와이트셀(Bob Whitesel)은 교회는 변화를 겪기 마련인데 이 변화에서 야기되는 다양한 갈등을 해소하지 않으면 많은 이들이 교회를 떠나게 될 것이라고 말하면서 변화의 과정에서 주의해야 할 것들을 제시하고 있다.[30]

---

28 Sven E. Erlandson, *Spiritual But Not Religious* (New York: Iuniverse Inc, 2000).
29 John P. Bowen, *Growing Up Christian: Why Young People Stay in Church, Leave Church, and (Sometimes) Come Back to Church* (Vancouver: Regent College Publishing, 2010).
30 Bob Whitesel, *Staying Power: Why People Leave the Church Over Change, and What You Can Do About It* (Nashville: Abingdon Press, 2003).

**우리의 경험**

우리 사회에서 교회를 떠난 이들에 대해 다룬 책은 그리 많지 않은데, 미주 한인 신문 기자인 정숙희 씨가 이민 교회들의 모습을 취재하고 지켜보면서 쓴 칼럼을 묶어서 낸 『그들은 왜 교회를 떠났을까』(홍성사)와 당시 청년 목회를 했던 이상화 목사가 자신의 경험을 바탕으로 쓴 『청년들이 교회를 떠나는 33가지 이유』(브니엘)가 대표적이다. 이 두 책은 한국 교회와 미주 한인 교회들의 문제를 통하여 교인들이 교회를 떠나는 이유를 열거하고 있다. 교회 현실과 관련된 많은 문제들을 잘 보여 주고 있으나, 시대적인 상황과 관련하여 논하기보다는 주로 교회 내부 문제를 다룬 책들이다.

그 후 2012년에 제3시대그리스도교연구소 김진호 연구실장이 낸 『시민 K, 교회를 나가다』(현암사)는, 이 책의 부제인 "한국 개신교의 성공과 실패, 그 욕망의 사회학"이 드러내듯이 교회와 사회와의 관계 속에서 교회를 떠난 이들을 추적하고 있다. 책 제목인 '시민 K, 교회를 나가다'는 이중의 의미를 담고 있다. '시민 K'는 근대 한국 사회의 형성의 산물이고 동시에 형성의 주역이다. 그 과정에서 그는 교회의 성도가 되었거나 교회에 호의적인 존재가 되었다가 결국에는 교회를 떠나거나 교회에 대한 친근감을 철회한 존재가 되었다. 그런 점에서 '교회를 나가다'는 말은 교회에 나가는 것이기도 하고 교회로부터 떠나는 것이기도 하다. 저자는 이것을 통해 한국 사회와 개신교의 접속의 양식을 상징적으로 표현하고자 하였다.

이 책을 통해서 한국 사회에서 교회가 처한 상황과 한국 교회의 쇠퇴 원인을 탐색해 보자. 한국 교회가 1970-1980년대에 양적으로 급성장하였음에도 많은 문제를 안고 있는 상황에 대하여 이 책의 저자는 한국 개신교가 근대 한국 사회와 가장 어울리는 종교로서 제도화된 데서 그 특징을 찾는다. 저자에 따르면, 한국의 근대화는 전통으로부터 자신을 근절한다는 의미에서 '고아 의식'을 형성시켰는데, 한국의 개신교는 '고아들의 종교'로서 한국의 근대화 과정에 결정적 기여를 한 종교라는 것이다. 그러나 한국의 개신교는 고아들의 자기 확인을 넘어 자기 초월의 체험으로 이끄는 성찰의 종교는 아니었다고 비판하고 있다.

그것은 한국 개신교가 주로 배타주의와 성공/성장 지상주의, 극우 반공 그리고 친미라는 네 가지 요소가 얽혀 그 특성을 이루기 때문이다. 저자는 이러한 특성들을 중심으로 한국 개신교의 어제와 오늘을 진단하고 있다. 그리고 한국적 근대를 가장 잘 체현했던 개신교가 이웃과 삶을 나누는 것을 싫어하는 고강도의 배타주의적 신을 섬기고, 심지어 이웃을 공격하고 자신의 분신으로 만들어야만 존재감을 느끼는 신의 종교라고 말한다. 배타주의는 개신교에 대한 신도들의 강한 충성심을 담보하는 긍정적인 측면이 있지만, 타종교와의 교류를 거부하고 적대시하는 폐쇄성을 보인다. 그 결과 비교적 타종교에 대한 배려가 있었던 가톨릭과 불교까지 개신교 따라하기 경향이 나타나고 있다고 진단한다.

저자는 어제 교회에 나갔고, 오늘 교회를 떠났던 시민 K가, 내일 다시 나갈 수 있는 교회의 대안으로 '작은 교회'를 제시한다. 단순히 크기가 작은 교회가 아니라 근본으로부터 성장 지상주의를 버린 '작은 교회'로 돌아가야 한다고 주장한다. 사회를 교회화하는 것이 아니라 교회적 신앙을 '사회적 영성화'하는 것이 필요하다는 점에서 교회가 적은 수로 유지되더라도 의미 있는 집단으로 남아야 사람들이 계속 호감을 가질 수 있다고 본다. 이웃을 선교의 대상으로 여기는 것이 아니라 삶과 생각을 나누는 친구로 대하는, 교인과 교회의 테두리를 넘어 수평적 네트워크를 넓혀 가는 '작은 교회'가 유일한 희망이라는 것이다.

덧붙여서 저자는 한국의 종교 상황에서 한 가지 희망을 보는데 그것은 그가 '시민 종교'라고 표현한 것과 관련된다. 여기서 말하는 시민 종교는 일반적으로 종교 사회학에서 말하는 시민 종교와는 다른 차원의 개념인데, 저자는 사람들이 자신의 분노를 표현하는 공공의 출구와 같이 종교 제도들 밖, 곧 시민 사회 영역에서 일어난 종교 현상이라는 의미로 시민 종교라고 표현하는 것이다. 대표적인 보기는 촛불 의례다. 그리스도인들이 열정적으로 예배를 드리듯이 사람들이 열정적으로 촛불 의례에 참여함으로써 사적 분노를 공적 분노로 모으고 집합적으로 소비할 시공간적인 장소를 마련한 것이다.

이 책은 매우 비판적인 관점에서 한국 개신교의 어제와 오늘을 진단하며 나름의 대안을 내놓고 있다. 저자 스스로도 자신을 '재야 신학자'라고 규정할 정도로 주류의 입장이라고는 볼 수 없지만, 이제까지 소홀히 여겨졌던 신앙의 물적 토대와 사회 경제적인 요인 등 물리적 환경의 관점에서 한국 개신교를 진단한 것은 나름의 의미를 갖는다. 근본주의 신앙에 대한 비판이나 한국 교회의 지나친 배타주의와 성공과 성장 지상주의, 극우 반공 그리고 친미 성향에 대한 비판에 대해서는 일리가 있다고 본다. 복음주의를 표방하는 대부분의 한국 교회는 사회에 대한 책임의식이 부족하고 주로 교회 성장과 기독교 세력 확장에 관심이 많다. 하지만 최근에 복음주의권에서 로잔 운동의 영향으로 복음 전도와 사회적 책임에 대한 새로운 의식이 형성되고 있다는 점은 의미가 있다.

특히 이 책에서 저자가 제시하는 작은 교회의 가능성에 대해서는 많이 이들이 공감할 것이라 생각한다. 저자가 말하는 작은 교회는 대형 교회가 되지 못해서 작은 교회가 아니라 작은 교회의 의미와 가치를 추구하는 교회를 의미한다. 즉, 체제와 운영 면에서 기존의 대형 교회 스타일을 해체한 교회로서 담임 목사와 장로의 임기제 도입, 당회 중심의 운영보다 단기 임기로 선출된 운영위원의 합의체 도입 등 민주적인 교회 운영을 한다. 그럼으로써 성경에서 말하는 의미의 공동체를 추구한다. 이것은 우리가 목격한 가나안 성도들의 교회 모습과 상당 부분 일치하는 지점이기도 하다.

다음으로는 목회사회학연구소에서 수행한 개종자에 대한 연구를 들 수 있다. 필자가 공동 연구자로 참여한 이 연구에서는 교회를 떠나 성당으로 간 사람들을 만나 심층 면접 조사를 하고 포럼을 개최하였다. 이 내용은 『그들은 왜 가톨릭 교회로 갔을까』라는 책으로 출판되었다. 그들이 말하는 '개신교에서 밀어내는 요인들'은 다음과 같은 것이었다. 첫째, 개신교는 전체적으로 감정을 지나치게 강조하는 경향이 강하다. 가톨릭은 묵상을 강조하는 데 반해서 개신교는 자신의 영적인 상태를 밖으로 표출하는 데 더 몰두하며, 설교나 성경에 대한 가르침도 깊이 숙고하기보다는 '덮어놓고 믿는 식'이라는 것이다.

둘째, 교회가 지나치게 외형에 치중하고 있다. 교회 이미지와 관련된 설문 조사에서 흔히 나타나는 헌금에 대한 강요나 교세 확장에 대한 몰두와 같은 내용이 개종의 원인이 되었다는 이야기를 들을 수 있었고,[31]

---

31 한미준·한국 갤럽, 『한국 교회 미래 리포트』(두란노, 2005), pp. 232-235.

지나치게 직분에 연연하는 교인들의 모습에도 크게 실망을 했다는 말을 했다. 유아 세례를 받고 30대까지 교회 생활을 하다가 개종한 한 여성은, 헌금 그래프를 그려 놓고 헌금을 많이 내도록 강요하는 교회의 행태에 지쳤다고 말한다. 그녀는 헌금을 많이 한 어떤 교인이 교회에 출석한 지가 얼마 되지 않았음에도 금세 집사가 되는 것을 보고 크게 실망해 교회를 떠났다.

셋째, 가족 같은 분위기의 이중성이다. 개신교회 구성원들은 친밀한 관계를 형성하며 가족과 같은 분위기에서 신앙생활을 하는데, 이것은 친근감을 준다는 장점도 있지만, 사생활의 영역이 침범당한다는 느낌을 주어 불편하기도 하다. 개종자들은 교회에서 사람들이 가족같이 너무 복잡대고 부대끼며 서로 상처를 많이 주고받는다고 말한다. 특히 중보 기도회와 같은 자리에서 은밀하게 나눈 기도 제목조차 다른 사람들에게 공개되는 경우가 있다. 전혀 예상하지 못한 사람이 다가와서 "내가 기도하고 있다"고 하는 말을 들을 때면 고맙다기보다는 뒤통수를 얻어맞은 기분이다.

우리는 교회에서 실망을 경험한 사람들이 왜 다른 교회를 찾지 않고, 성당을 택했는지를 물었다. 그들은, 교회에 대한 실망이 너무 커서 교회는 가고 싶지 않았고, 같은 하나님을 믿는 성당을 택했다고 답했다. 그런데 또 다른 흥미로운 요인이 있었다. 교회는 교단과 교파를 따져서 선택해야 하는 번거로움이 있는 반면, 성당은 지역이나 규모에 상관없이 어느 정도 표준화 또는 평준화되어 있다는 점이다. 또한 교회는 목회자에 따라서 수준이 천차만별이기 때문에 교회를 결정하기가 매우 어려웠다는 것이다. 성당은 매우 일관성이 있고 통합된 인상을 주지만, 교회는 각각의 형편과 수준에 따라 차이도 심해서 한 교회를 선택하는 것이 매우 위험 부담이 크다는 느낌을 준다. 실제로 신도들이 멀리 이사를 가더라도 대부분의 교회 목회자들은 다니던 교회에 출석하기를 강요한다. 그럼에도 교회를 옮기려고 하는 신도의 입장에서는 교회를 새로 결정하기도 쉽지 않아 이중의 압박감에 시달리고 있다.

반면에 가톨릭이 그들을 끌어들이는 첫 번째 요인은 성스러운 이미지였다. 개종자들은 가톨릭의 '성스러움'을 개신교의 '세속성'과 대비시켜 이야기한다. 이들이 말하는 '성스러움'의 내용이 무엇인지 좀더 자세히 살펴보면, 무엇보다도 먼저 성당의 성스럽고 엄숙한 분위기를 지적한다. 이러한 성당의 엄숙한 분위기는 개신교의 "화려하고 활기찬"지만 "시끄럽고, 가벼운" 교회 분위기와 대비된다. 이러한 가톨릭의 엄숙한 분위기에 있다 보면, 내가 죄인이라는 사실을 깨닫고, 더 나아가 용서받는 것 같은 감동을 느낄 수 있다는 것이다.

둘째 요인은 성당의 자유로운 분위기였다. 개종자들이 표현한 개신교에 대한 이미지는 한마디로 '피곤하다'는 것이었다. 이것은 비단 가톨릭으로 개종한 인터뷰 대상자들뿐만 아니라, 대부분의 일반 사람들이 가지고 있는 개신교 이미지이기도 하다. 그것은 다른 종교를 가진 사람들에 대한 지나친 전도 행위, 나아가 다른 교회 사람들까지 자기 교회로 끌어들이려는 노력 등을 곱게 보지 않기 때문이다. 인터뷰한 많은 사람들은 교회에 나갔을 때, 교인들이 보이는 친절이 진정성에 바탕을 둔 것이 아니라, 단순히 신자들을 끌어들이기 위한 가식처럼 느껴진다고 말한다. 그에 비하여 가톨릭은 "미온적"이고, "너는 너, 나는 나"로 "깊이 사생활 침해는 하지 않으려고 노력"한다고 말한다.

셋째 요인은 성당은 융통성이 있어 보인다는 것이었다. 많은 사람들이 지적하는 내용은 술과 담배에 대한 규제가 없다는 점, 제사를 허용하고 있다는 점, 다른 종교에 대해 관용적이라는 점 등을 지적하고 있다. 이것은 다원주의적인 현대 사회에서 폐쇄적인 개신교에 비해, 가톨릭은 개방적이고 융통성 있다는 이미지를 심어 주었다.

오늘날과 같은 다원주의 시대에, 문화 상대주의적인 태도는 융통성 있는 가톨릭 이미지와 선택적 친화력을 보여 준다. 다른 종교, 다른 문화 등에 대해 개신교는 폐쇄적인데 비해, 가톨릭은 개방적이라는 사실 또한 다원주의 사회라는 현대 사회의 추세에 대해 가톨릭이 선택적 친화력을 보이는 부분이라 생각된다. 또한 후기 산업사회로 접어들면서 현대인들은 경제적 풍요를 넘어 내면의 성찰과 마음의 평안을 추구하고 있는데, 이 같은 욕구가 개신교보다는 가톨릭을 선호하게 만드는 요인으로 작용한다. 최근 서양 사람들이 불교에 심취하는 경우가 늘어나는 것도 같은 이유다. 현대인들은 명상을 통해 마음의 평안을 추구하려는 경향이 강하다. 그만큼 탈현대 시대에는 제도화된 종교보다는 성찰적인 종교가 더 호감을 준다고 할 수 있다.

현대와 같은 다원화된 사회에서 자신이 속한 종교 공동체의 우월함을 일방으로 주장하는 것은 아무런 의미가 없다. 그보다는 자신들이 선택한 종교가 가르치는 바대로 의미 있게 살아가는 것이 중요하다. 따라서 개신교의 지도자들은 각 교회 공동체에 속한 구성원들이 개신교인으로서의 정체성을 가지고 의미 있게 일상생활을 영위할 수 있도록 도와야 할 것이다. 그러나 이 정체성은 다른 종교인들을 배격하는 정체성이 아니라 저마다 가지고 있는 종교와 종교 신념을 서로 존중하면서 우리 사회에 기여할 수 있는 정체성이어야 한다. 개신교인으로서의 정체성을 가지고 교회 생활뿐만 아니라 사회 활동에도 충실할 때 우리 사회에서 개신교는 비종교인으로부터 존중을 받을 뿐만 아니라 사회에서의 공신력도 회복하게 될 것이다.

# 9
## 세속화와 가나안 성도

**세속화론과 탈제도화**

앞장에서는 현대 미국과 한국의 교회들이 변화하는 기독교인들의 종교적인 욕구를 채워 주지 못해 교회를 떠나는 이들을 붙잡지 못하고 있는 현실에 대하여 살펴보았다. 그런데 이러한 상황은 각각의 교회가 가지고 있는 한계 때문이기도 하지만, 더 넓게 보면 현대 사회의 경향과도 관련이 있다. 사람들이 교회를 떠나는 것은 한편으로는 기성 교회에 대한 거부감 때문이기도 하고 또 다른 한편으로는 종교에 대한 관심 자체가 줄어들기 때문이기도 하다. 종교 사회학에서는 종교의 쇠퇴와 관련하여 세속화라는 개념으로 이를 설명하고 있다. 따라서 가나안 성도 현상은 종교 사회학의 세속화 주제와 맞닿아 있다.

탈산업화 사회, 정보화 사회, 지식 사회, 서비스 사회, 포스트모던 사회 등 현대 사회를 가리키는 다양한 표현이 있지만, 현대의 종교 현상과 관련하여서는 '세속화 시대'라는 표현을 쓸 수 있다. 사회학자들은 근대 이후의 세계에서 일어나고 있는 거대하고 근본적인 종교적 변화를 세속화라고 보고 있기 때문이다. 이런 점에서 종교의 세속화는 종교 사회학이라는 학문 전체를 관통하는 핵심 주제라고 할 수 있다. 일반적으로 세속화는 다양한 의미를 가지고 있는데, 중세에는 교역자가 교구(지역사회)를 책임지는 과정을 설명하는 말로 사용되었다. 그러나 점차 교황의 권력과 황제의 권력이 분리되면서 교권으로부터 정치적 주권자에게 책임을 넘겨주는 것을 의미하는 말로 확장되었다. 그리고 19세기 중엽부터 세속화는 정치·법률 영역에서 문화·철학 영역으로 확대되어 매우 광범위한 의미로 쓰이기 시작했다.

우리 사회에서 세속화에 대한 이해는 여전히 모호한데, 특히 기독교계에서는 세속화를 교회가 세속의 가치에 매몰되어 교회 자체가 병들고 심지어는 부패했다는 뜻으로, 하나의 병리 현상으로 이해한다. 세속화에 대한 이러한 이해가 틀렸다고 할 수는 없으나 이것은 좁은 의미의 세속화로 세속화 개념의 일부분, 곧 한쪽 면밖에는 보여 주지 못한다. 이와 달리 종교 사회학에서는 보다 폭넓은 의미의 세속화라는 개념을 제시하는데, 종교의 세속화는 "종교가 신앙과 의식 그리고 인간의 일상생활에 대한 영향이라는 측면에서 쇠퇴하고 있는가?"의 문제와 관련된다. 이것은 교계에서 이야기하는 것과는 달리 가치 판단의 문제가 아니라 객관적인 하나의 현상이라는 것이 중요하다.

종교 세속화에 대한 논의는 이미 고전 이론가인 막스 베버와 에밀 뒤르켐(Emile Durkheim)의 저작에서도 나타나는데, 두 거장은 세속화에 대해 판이하게 다른 입장을 보이고 있다. 오늘날 세속화에 대한 논쟁은 이 둘의 입장 차이에서 비롯되었다고 할 수 있다. 베버의 추종자들은 현대 사회에서 종교가 더 이상 공적인 관심사가 되지 못하며, 개인들의 사적인 관심사에 의존하게 되었다는 이론적 입장을 취한다. 반면에 뒤르켐을 따르는 학자들은 현대 사회에서도 종교는 여전히 사회 문화적 수준에서 영향력을 행사하고 있다는 점을 강조한다.

현대 종교 사회학에서 처음으로 세속화를 중심 논제로 제시한 윌슨(Bryan R. Wilson)은 세속화를 "종교적 사고, 의식 및 기구들이 사회적 의미와 중요성을 잃게 되는 과정"으로 정의하면서 종교의 쇠퇴를 주장했다.[32] 또한 이러한 세속화 과정의 마지막은 무종교 사회라는 점을 암시한다. 근대 이후 국교 폐지로 교회의 영향력이 감소하고 교회 출석 빈도, 성직자 수가 감소하여 세속화는 일면 사실로 보이기도 한다. 특히 덴마크, 스웨덴과 같은 북유럽은 하나님에 대한 믿음이나 내세를 믿는 사람들이 30퍼센트 안팎에 불과할 정도가 되어 세속화된 사회의 전형으로 여겨지기도 한다. 미국의 종교 사회학자인 필 주커먼(Phil Zuckerman)은 1년간 스칸디나비아에 머무르면서 다양한 계층의 200여 명을 조사한 결과를 토대로 비종교적인 분위기 속에서도 도덕적이고 풍요로운 사회가 만들어질 수 있음을 여러 사례를 통해 보여 주는 『신 없는 사회』(Society Without God)를 저술한 바 있다.[33]

베버의 영향을 받아 세속화에 대하여 체계적으로 폭넓게 사회학적인 분석을 시도한 피터 버거(Peter Berger)는 베버의 '세계의 탈주술화' 개념을 적용하여 프로테스탄티즘과 세속화의 관계를 설명하고 있다.[34] 버거는 세

---

32 Bryan R. Wilson, *Religion in Sociological Perspective*(Oxford: Oxford University Press, 1982), p. 148.
33 필 주커먼, 『신 없는 사회: 합리적인 개인주의자들이 만드는 현실 속 유토피아』(김승욱 옮김, 마음산책, 2012).
34 이에 대하여는 피터 버거, 『종교와 사회』(이양구 옮김, 종로서적, 1982), 5장을 보라.

속화를 "사회 및 문화의 어떤 영역이 종교의 제도와 상징 체계의 지배로부터 벗어나는 과정"이라고 정의한다.[35] 버거에 의하면 세속화는 다양한 세계관이 공존하는 종교 다원주의적 상황을 낳는다.[36] 종교 사회학에서 말하는 종교 다원주의는 신학과 달리 가치중립적인 개념이다. 다시 말해서 모든 종교인이 관심을 갖는 궁극적 실재의 성격 자체가 여러 가지 근원을 갖고 있다는 신학적인 의미와는 별개로 종교의 자유로 인해서 다양한 종교가 공존한다는 의미다.

이러한 관점에서 볼 때, 현대 사회에서의 개인들은 다원적인 세계, 서로 경쟁하고 가끔은 서로 모순되는 '설득력의 구조'(plausibility structure) 사이를 오가며 살고 있다. 이들 각각의 설득력 구조는 다른 설득력 구조들과 어쩔 수 없이 공존한다는 사실 때문에 그 영향력이 약화된다는 것이다.[37] 다원주의 상황은 서로 경쟁하는 설득력 구조의 수를 증가시켜, 결과적으로 다원주의적 상황은 설득력 구조의 종교적 내용들을 상대화해 버린다. 보다 자세하게 말하면 종교적 내용은 "탈객체화"되어서 그동안 당연시되는 객체적 실재의 지위를 박탈당하는 것이다.[38] 이러한 버거의 생각은 막스 베버로부터 물려받은 것으로 보인다. 베버는 변신론과 관련하여 비슷한 주장을 한 바가 있기 때문이다.[39] 그리고 이 설득력

---

35  같은 책, p. 125와 피터 버거, 『이단의 시대』(서광선 옮김, 문학과지성사, 1981), p. 35.
36  이에 대하여는 박종천, "종교 다원주의와 신학의 탈서구화," 한국기독교학회(엮음), 『종교 다원주의와 신학적 과제』(대한기독교서회, 1990)를 보라.
37  피터 버거, 같은 책(1981), p. 76.
38  같은 책, pp. 167-168.
39  이에 대하여는 Max Weber, "The Social Psychology of the World Religions," H. H. Gerth / C. Wright Mills 엮고 옮김, *From Max Weber: Essays in Sociology*(New York: Oxford University Press, 1958), pp. 271-275를 보라.

구조라는 표현은 미셔널 처치 개념에 초석을 놓은 레슬리 뉴비긴(Lesslie Newbigin)이 빌려 사용한 용어이기도 하다.

그러나 브라이언 윌슨이 세속화론을 정립하고 피터 버거가 체계화한 이래, 세속화론은 이에 반대하는 여러 이론가들의 공격을 받아 왔다.[40] 세속화의 관점에서 보는 종교에 대한 부정적 견해와 달리, 서구 사회에서 세속적 이념들이 종교적 이념들을 대치하고 있지는 않다. 단지 급속한 사회 변동의 시대 속에서 종교의 성격이 변형되고 있다고 주장하는 학자들에 의해서 세속화 관점이 활발히 일어나고 있다. 뿐만 아니라 세속화 자체를 전면 부정하는 입장도 있다. 예를 들어, 제프리 해든(Jeffrey K. Hadden)은 종교의 쇠퇴에 대한 예상이 포괄적인 세속화론에 기초한 것이며, 이 세속화론은 다시 훨씬 더 포괄적인 근대화론에 뿌리를 두고 있다고 말한다. 또한 세속화론은 그 토대가 밝혀지지 않은 전제에 자리 잡고 있는 이데올로기일 뿐이라고 주장한다.[41]

세속화론에 대한 가장 강력하고도 지속적인 비판을 하는 이론가들은 이른바 종교에 대한 합리적 선택 접근 방식을 주장하는 학자들이다.[42] 특히 스타크(Rodney Stark)와 베인브리지(William Sims Bainbridge)는 『종교의 미래』에서 세속화가 현대의 주요 흐름이라는 것을 인정하지만, 새로운 사실은 아니며 종교의 소멸을 예고하는 것도 아니고, 오히려 세속화는 모든 종교 경제(religious economy)에서 발견되는 과정이며, 모든 사회에서 항

---

40 피터 버거, 『종교와 사회』(이양구 옮김, 종로서적, 1982), pp. 151-152.
41 Jeffrey K. Hadden, "Toward Desacralizing Secularization Theory," *Social Forces*, 65권 3호(1997년, 3월), p. 587.
42 Lawrence A. Young, *Rational Choice Theory and Religion: Summary and Assessment* (New York: Routledge, 1997), xii.

상 진행되어 왔다고 주장한다. 종교 경제란 경제 현상과 같이 종교 현상을 수요와 공급 그리고 시장 상황이라는 측면에서 접근하여 이해하고자 하는 개념이다. 특히 이들은 서구 지식인들이 종교를 기독교와 같은 것으로 잘못 생각함으로써, 이러한 기독교의 세속화를 전체적인 종교의 파멸로 오해했다고 비판한다.[43]

여기서 세속화론을 수요 측 이론이라고 하고 합리적 선택 이론을 공급 측 이론이라고도 하는데 세속화론은 현대 사회에서 종교에 대한 수요 자체가 감소한 것으로 보지만, 유럽과 달리 미국의 상황에서는 다양한 종교들의 공급이 있기 때문에 이에 따라 수요도 증가한다고 보는 것이다. 앞에서 언급한 주커먼 역시 덴마크와 스웨덴에서 종교의 세력이 미미한 이유 중 첫 번째로 '게으른 독점'을 꼽고 있다. 특정 사회에서 지배적인 종교 단 하나만 존재하고 국가가 그 종교를 지원해 준다면 종교에 대한 관심과 참여도는 낮아진다. 반면에, 미국은 개신교의 거의 모든 교단의 발생지이고 심지어는 거의 모든 이단 종파도 미국에서 발생했다고 할 만큼 많은 종교적인 공급지다. 이렇게 선택지가 다양한 상황에서는 종교에 대한 수요 자체가 증가한다는 것이다. 경제학 이론에는 세이(J. B. Say)의 '판로 법칙'이라는 것이 있는데,[44] 이것은 "공급이 그 스스로 수요를 창출한다"는 내용으로 합리적 선택 이론가들의 주장과 맥을 같이하고 있다.

이러한 입장에 가장 비판적인 학자는 역시 세속화론의 입장에 서 있는 학자들이다. 스티브 브루스(Steve Bruce)는 합리적 선택 이론을 매우 설

---

43 Rodney Stark and William Sims Bainbridge, *The Future of Religion: Secularization, revival and cult formation*(Berkeley: University of California Press, 1985), pp. 1-3.
44 이에 대하여는 성창환, 『경제 원론』(박영사, 1975), p. 40를 보라.

득력 있게 비판하고 있다. 그는 종교 행위가 논리적으로 생각되고 사리에 맞는 가장 일반적인 의미에서 합리적일 수도 있지만, 경제적 합리성이나 합리적 선택 모델을 적용해 설명할 수는 없다고 주장한다. 그리고 경제적 접근방식은 문화 차원을 무시함으로써 종교 행위가 생존할 수 있는 유일한 상황은 세속적인 사회라는 왜곡된 관점을 만들어 낸다고 주장한다.[45]

이와 함께, 새로운 세속화론을 주창하는 학자들은 세속화론의 사망에 대한 보고는 대단히 과장되었다고 말하며, '이전' 패러다임의 핵심적인 통찰력을 유지하고 '새로운' 관점의 정당한 비판을 통합하는 새로운 세속화론을 주창한다. 데이비드 야메인(David Yamane)은 이러한 방법을 통해 두 패러다임에 대한 외형적인 모순의 극복을 시도한다.[46] 그는 세속화 패러다임은 종교가 결코 완전히 사라지지 않을 것이라는 가정 아래 있으며 비판가들이 말하는 것처럼 종교의 '종식'을 의미하는 것이 아니라고 말한다. 그는 세속화의 핵심 주창자들이 세속화 패러다임을 종교의 쇠퇴나 소멸이 아니라 종교의 변형으로 이론화했다고 주장한다. 세속화 이론가들은 종교 자체의 쇠퇴나 종식이 아니라 종교의 '사회적 중요성의 감소'를 말했다는 것이다. 특히 세속화 이론가인 로버트 벨라와 토마스 루크만(Thomas Luckmann)은 어떤 환경에서도 종교의 소멸을 인정하지 않았다는 것이다.[47]

---

45 Steve Bruce, "Religion and Rational Choice: A Critique of Economic Explanations of Religious Behavior," *Sociology of Religion*, 54권 2호(1993년), pp. 194-195.

46 David Yamane, "Secularization on Trial: In Defense of a Neosecularization Paradigm," *Journal for the Scientific Study of Religion*, 36권 1호(1997년).

47 Robert N. Bellah, "Civil Religion in America," *Daedalus*, 1967년 겨울호, Robert N.

한편 탈제도화도 일종의 세속화의 한 측면으로 이해될 수 있다. 앞장에서 살펴본 바와 같이, 탈현대 사회에서는 제도를 통해 정체성을 형성하는 근대 사회에서의 개인과는 달리 '소속 없는 개인'으로서 탈제도화된 속성을 띠게 된다. 이들은 사회 역할을 부과하는 획일적이고 상투적인 규범에 의존하지 않고 자신의 욕망대로 살겠다는 의지를 지니고 있다. 이러한 변화에 따라 제도 종교에 속하기를 거부하는 경향이 나타나는데, 말하자면 제도 종교 차원의 세속화라고 표현할 수 있다. 이와 같이 세속화는 한 수준에서 일어나는 것이 아니라 다양한 수준에서 일어난다. 이와 관련하여, 새로운 세속화론자에 속하는 마크 차베스(Mark Chaves)는 사회 수준과 개인 수준의 세속화 정도에 따라 각기 다른 사회들을 범주화하고 있다. 그것을 그림으로 표현하면 다음과 같다.

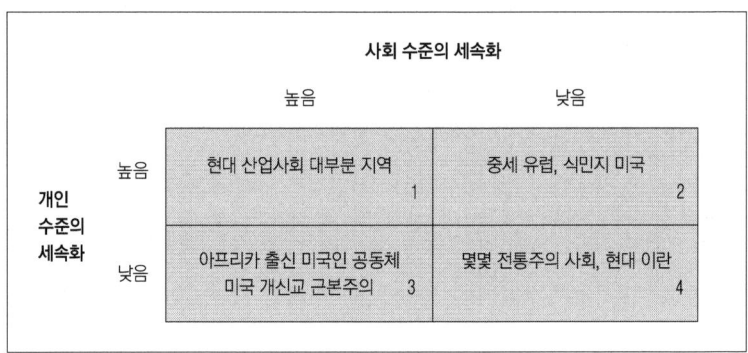

〈그림 17〉 두 차원의 세속화: 사회적 설정[48]

---

Bellah, *Beyond Belief*(New York: Harper & Row, 1970) 9장, 토마스 루크만, 『보이지 않는 종교』(이원규 옮김, 기독교문사, 1982), p. 123, 238.
48 Mark Chaves, "Secularization as declining religious authority," *Social Forces*, 72권 3호 (1994년 3월), p. 761.

이 그림에서 개인 수준의 세속화는 사회의 세속화 여부와 상관없이 개인의식 속에서 종교 권위와 영향권 아래 있는지 여부를 나타낸다. 중세 유럽은 기독교 사회로 알려져 있지만, 앞에서 살펴본 바와 같이 개인들은 그다지 종교적이지 않았기 때문에 2 영역에 속한다. 이에 대해서는 다음 절에서 자세하게 살펴볼 것이다. 반대로, 미국 개신교 근본주의는 세속화된 산업사회에 속해 있지만, 개인들은 높은 종교성을 가지고 있기 때문에 3 영역에 속한다. 다음으로, 사회 수준의 세속화가 낮은 수준인 사회, 곧 사회 수준에서 종교적 권위의 범위가 넓은 사회는 교육, 과학, 국가와 같은 제도가 종교적 권위에 직접적으로 영향을 받는 사회다. 그것은 종교적 권위가 다른 영역들로부터 역사적으로 분화된 적이 전혀 없기 때문이거나(몇몇 전통적인 사회에서처럼), 분화된 종교적 권위가 다른 영역들에 대한 통제를 행사하기 때문이다(중세 유럽이나 현대 이란처럼). 사회적 세속화가 높은 수준의 사회는 종교적 권위가 국가, 경제, 예술, 과학 등의 안에서 일어나는 일에 대하여 최소한의 그리고 간헐적인 영향력을 행사하는 현대의 산업화된 사회들이다.

여기에서 제도 종교의 차원을 더하면, 사회 수준이나 개인 수준과 상관없이 제도 종교에 참석하거나 제도 종교의 권위에 영향을 받는 수준에 대해서 고려할 수 있다. 다시 말해서 국교가 있어서 사회 수준의 세속화가 낮지만 제도 종교의 참여율은 낮은 경우가 있고, 반대로 사회 수준의 세속화가 높지만 제도 종교의 참여율은 높은 경우가 있다. 또한 개인의식 수준의 세속화가 낮지만 제도 종교의 참여율은 낮은 경우와 반대로 개인 수준의 세속화가 높지만 제도 종교의 참여율은 높은 경우가 있다. 물론 마지막 경우는 현실적으로 존재하기 어렵다. 이런 식으로 제도 종교 수준에서의 세속화를 함께 논할 수 있다. 우리 사회에서 가나안 성도의 경우는 사회 수준의 세속화가 높고, 개인 수준의 세속화는 낮으며 제도 종교 수준에서의 세속화가 높은 경우라고 할 수 있겠다.

**세속화와 한국 교회**

위에서 살펴본 세속화에 대한 입장의 차이는 세속화를 바라보는 관점의 차이에서 생긴다. 한편으로는 미시적인 접근과 거시적인 접근 사이의 차이에서 생기고, 또 한편으로는 유럽과 미국의 역사적인 경험 차이에서 생기기도 한다. 세속화론은 거시적인 접근이고, 합리적 선택 이론은 미시적인 접근으로 볼 수 있는데, 이 둘 사이의 연구 주제, 연구 대상, 접근 방식에서 차이가 있다. 나는 다른 글에서 이 두 접근 방식 사이의 통합을 시도한 바 있다. 사회 현상의 어느 부분도 거시와 미시 또는 구조와 개인 행위의 이분법으로는 설명할 수 없는 것처럼 종교 현상도 마찬가지다. 세속화와 개인의 종교적 선택 행위는 결코 분리된 주제가 아니며 분리되어 생각될 수도 없다. 거시적인 수준에서 세속화의 결과로 종교의 영향력의 쇠퇴함에 따라 시장 상품과 선택에는 많은 변화가 일게 된다. 그러면 미시적인 수준에서 종교 지도자들은 자신들의 조직을 더 합리적으로 만들어 나감으로써 세속화에 대응하고 이를 통해 번성해 가기를 추구한다. 이러한 시도를 통해 많은 개인들의 정체성에 종교적인 의미 체계의 중심성이 주어지고, 존재의 확실성과 조직의 성공 사이에 관계가 성립되면, 다시 거시적인 수준에서 강력한 종교 운동이 때때로 국가적인 후원을 요구하는 사회 운동을 일으킬 것이라는 것은 의심의 여지가 없다. 강한 종

교적 정체성과 강력한 조직의 연결은 때때로 여러 문화적인 상황에서 정치적 폭발을 일으키기도 한다.[49]

또한 세속화에 대한 관점은 유럽 모델이냐 미국 모델이냐에 따라 확연하게 달라진다. 기독교 왕국 시기와 국가 종교의 경험을 한 유럽에서는 기독교의 약화 및 쇠퇴가 보편적인 경향이라는 관점을 갖게 된 것이고, 이러한 경험이 없는 미국은 다양한 환경과 조건들의 변화에 따라 종교는 일종의 시장 상황에서 경쟁하고 있다는 관점을 터득한 것이다. 유럽은 사회 수준의 세속화가 보편적인 흐름으로 여겨진다. 유럽의 종교성의 특징은 그레이스 데이비가 말하는 이른바 "소속되지 않은 신앙"이라고 할 수 있다. 이것은 흔히 세속화의 한 측면으로서 종교의 쇠퇴 중에서도 개인 차원 또는 주관적인 세속화라는 차원에서 논의되어 왔다. 이것은 앞에서 말한 바와 같이 제도 종교 수준의 세속화라고 말하는 것이 더 정확하다. 교회에는 출석하지 않지만 주관적인 수준에서는 종교성이 여전히 높기 때문이다.

그런데 유럽에서는 중세기나 그 이후에도 많은 사람이 교회에 출석한 것은 아니었기 때문에 교회 출석이라는 제도적인 종교성이 오늘날 약화되었다고 단정하기도 힘들뿐더러, 이 자체를 세속화의 근거로 삼기도 분명하지 않다. 중세 시대에 종교 상황에 대해 새로운 해석을 내놓은 학자들의 주장은 이 시기가 기독교의 시대가 아니며 황금기는 없었다는 것이다. 중세 유럽의 신앙은 종교적이라기보다는 여전히 주술적인 수준에 머

---

49  이에 대하여는 정재영, "통합 이론으로서 세속화론: 세속화에 대한 거시적 접근과 미시적 접근의 통합을 위한 시론," 『한국 교회의 종교 사회학적 이해』(열린출판사, 2012)를 보라.

물렀고, 근대화가 시작되기 전에도 여러 세기 동안 유럽에서의 종교적 참여는 매우 낮았다는 것이다. 이러한 주장은 주로 로드니 스타크와 같은 합리적 선택 이론 학파에 속한 학자들에 의해 제기되었다.[50]

이에 대해서는 영국 내에서도 논쟁이 있는데, 데이비는 많은 영국인들이 교회에 출석하지 않고 있지만, 여전히 기독교 신앙을 유지하고 있다고 본다. 반면에 같은 영국의 사회학자이며 세속화론의 입장에 있는 스티브 브루스는 중세기는 확실히 기독교의 시대였다고 주장한다. 그리고 현재 유럽의 기독교가 몰락하고 있음을 보여 주기 위하여 『신은 죽었다: 서구의 세속화』라는 도발적인 제목의 책을 저술하였다.[51] 니체가 실존적이고 철학적인 의미에서 '신은 죽었다'고 선언했다면, 사회학자인 브루스는 유럽에서 나타나는 종교 지표들의 약화로 인해 신의 모습을 찾을 수 없음을 표현한 것이다.

이것은 종교가 사사화되어서 사회 수준에서는 종교가 보이지 않게 되었음을 역설한 루크만의 입장보다 한 걸음 더 나아간 것이다. 이러한 측면에서 교회에 소속되지 않은 이들의 신앙은 결국 약해질 것이며 기독교인으로서의 정체성을 잃고 말 것이라고 데이비와는 다른 주장을 한다. 사실 이것은 유럽 대륙에서 오랫동안 논쟁이 되어 온 주제인데, 교회에 나가지 않지만 하나님을 믿는다는 유럽 사람들에게 하나님은 엄밀한 의미에서 기독교의 하나님이라기보다는 막연한 하나의 초월신과 같은 관념일 뿐이라는 주장이 제기되어 왔다.

---

50 자세한 내용은 이원규, 『머리의 종교에서 가슴의 종교로』(kmc, 2012) 3장 1절을 보라.
51 Steve Bruce, *God is Dead: Secularization in the West*(Malden, MA: Blackwell Pub., 2002).

그러나 유럽과 달리 기독교 왕국 시기 자체가 없었을 뿐만 아니라 기독교가 국가 종교의 위치에 있었던 경험이 없는 미국에서는 다른 관점에서 종교의 흥망성쇠에 대해서 논의가 벌어졌다. 기독교는 다양한 종교들이 공존하는 '종교 시장'에서 치열한 경쟁을 해 왔다고 보는 것이다. 대표적으로 로저 핑크(Roger Finke)와 로드니 스타크는 그들의 책 『미국 종교 시장에서의 승자와 패자 1776-2005: 미국 교회사·교단사에 대한 종교 사회학적 접근』에서, 미국의 독립 때부터 21세기까지 여러 종교 집단들의 자료들로부터 얻은 새로운 연구, 통계, 이야기를 통해서 국가의 종교 환경이 자유 시장 경제로서 작용한다는 주장을 하고 있다. 핑크와 스타크는 '최근에 시작한 분파들'과 같은 이 교회들이 어떻게 신자들을 놓고 경쟁했는지, 또 미국의 종교에 대한 자유사상이 이 교회들로 하여금 외부의 별 간섭 없이 어떻게 교단적인 안식처를 이룰 수 있었는지를 잘 보여 준다.[52]

이들에 따르면, 국가 종교에 의해 독과점 상태인 유럽과 달리 미국에서는 새롭게 등장한 분파들이 식민지 시대 주요 교단인 회중주의, 성공회, 장로교의 쇠퇴를 대신하여 폭발적으로 부흥하였다. 이 분파들은 침례교와 감리교였는데, 당시 침례교와 감리교의 목회자들은 교육 수준은 낮았지만 열정이 있었고, 서부로 이주하여 교회들을 개척했다. 이러한 영혼에 대한 열정과 함께 노예제도에 대한 반대 입장은 흑인 교인을 빠르게 흡수하는 원동력이 되었다. 또한 흑인들에게도 교회의 지도력을 부여하

---

52 로저 핑크·로드니 스타크, 『미국 종교 시장에서의 승자와 패자 1776-2005: 미국 교회사·교단사에 대한 종교 사회학적 접근』(김태식 옮김, 서로사랑, 2009).

여 역동성을 띠게 되었다. 그리고 가톨릭 역시 이와 비슷하게 헌신된 활동들을 통하여 영적 회복 운동을 전개하여 빠르게 신자들을 모았다. 그러나 이 분파들은 이러한 노력 덕분에 미국 사회에서 기성 종교가 되었고 결국에는 분파주의의 특징을 포기하면서 이들의 성장세는 멈추게 된다.

그렇다면 우리 사회에서 기독교는 어떠할까? 우리 사회의 경험은 일면 미국과 유사하면서도 또 다른 양상을 보이고 있다. 서양과 달리 기독교가 일종의 신흥 종교인 우리 사회에서는 조선 시대 이후 국교가 폐지되고 그 어느 나라보다도 많은 종교들이 공존하고 있는 다종교 사회 또는 종교 다원주의 사회라고 할 수 있다. 잘 알려진 종교만 해도 개신교를 비롯해서, 불교, 유교, 가톨릭, 원불교, 천도교, 그리고 이슬람교 등의 종교가 공존하고 있다. 그리고 이들 종교 안에서조차 수많은 교파나 종파들이 어떤 제한도 받지 않은 채 생겨나 공존하고 있는 현실이다. 뿐만 아니라 기성의 체계화된 종교의 관점에서 이단으로 여겨지는 수백 개의 신흥 종교들도 난립하고 있다. 여기에다가 민간인들의 생활 속에 깊이 뿌리내리고 있는 민간 신앙까지 고려한다면 한국 사회는 종교의 전시장이라고 말할 정도로, 다종교 상황의 극치를 이루고 있어 자주 외국 학자들의 연구 대상이 되기도 한다.

이러한 상황에서 개신교는 가장 늦게 전파되었음에도 불구하고, 가장 짧은 기간 동안에 많은 신자들을 확보하여 전체 인구에서 경이적으로 높은 비중을 차지하게 되었고, 그 성장 속도가 무척 빠르다는 사실이 두드러진다. 개신교의 성장은 1960년대부터 꾸준히 이어져 왔고, 1970년대에 산업화가 본 궤도에 오르는 것과 발맞추어 한국 개신교는 사상 유례를 찾아볼 수 없는 급성장을 보이기 시작하였다. 그러나 폭발적인 성장세를 구가하던 개신교는 1990년대부터 성장세가 급격하게 둔화하였고, 급기야 감소세로 돌아서게 되었다.

앞에서도 살펴본 바와 같이, 2005년에 실시한 인구 총조사에서 한국 개신교는 10년 전에 비해 1.6퍼센트 감소한 것으로 나타났다. 당시에 감소한 신자 수가 묘하게도 14만 4천 명으로 집계되어 하나님의 징후가 아니겠냐는 이야기도 있었지만, 더 충격적인 것은 개신교 신자 수가 862만 명으로 집계된 것이었다. 당시에 1천만 성도, 그 이전에 1,200만 성도 운운했던 것에 크게 못 미치는 수치였기 때문이다. 그러나 더 놀라운 것은 862만 명 가운데 많은 이단 종파 신도들도 포함되어 있다는 것이다. 인구 총조사는 자기 확인 방식으로 집계하기 때문에 설령 이단 종파에 속한 사람이라고 하더라도 개신교인이라고 대답하면 그대로 집계되기 때문이다. 현재 우리나라의 이단 교인이 얼마나 되는지에 대해서는 정확한 통계가 없지만, 이단 연구가들은 적어도 100만 명에서 많게는 200만 명에 이를 것으로 추정하고 있다. 따라서 862만 명에서 이들의 수를 제하면 정통 개신교인은 불과 700만 명 안팎에 불과하다는 이야기가 된다.

그리고 2005년 이후에도 개신교 주요 교단들의 교인 수는 지속적으로 감소하고 있는 것으로 나타나고 있다. 2013년 9월 기준 예장 통합과 기성, 기장 등 주요 교단은 전년도에 비해 교인 수가 8,000여 명에서 4만여 명까지 감소했다고 보고했다. 대부분의 교단 통계는 전출 교인이 제대로 집계되지 않기 때문에 한 교인이 여러 교회에서 중복 집계되어 실제 신자 수보다 상당히 부풀려지기 마련이다. 그런데 지난 번 통계에서 신자 수가 감소한 것으로 나타났다면 실제로는 훨씬 더 감소폭이 클 것으로 예상된다. 특히 개신교 인구의 미래를 예측하는 데 지표가 되는 주일

학교 학생 수가 지속적으로 감소하고 있는 것으로 볼 때 개신교 신자 수는 훨씬 더 급격한 하락을 경험할 수도 있다. 이런 점에서 볼 때 가까운 장래에 개신교 인구가 반 토막 날 것이라는 미래학자의 예측이나, 개신교 인구가 가톨릭 인구에 역전을 당할 것이라는 불안한 전망이 결코 근거 없는 예측이 아니라는 것을 알 수 있다.

교회 출석을 중시하는 한국 개신교의 특성으로 볼 때 이것은 분명히 한국 개신교회의 성장 정체 또는 쇠퇴의 의미로 파악될 수 있다. 또한 최근 '한목협'이 조사한 내용에 따르면 비종교인 가운데 과거 종교가 개신교인 사람이 50.0퍼센트인데 반해, 불교와 가톨릭이라고 응답한 사람이 각각 25.6퍼센트, 24.3퍼센트이라고 응답한 점을 감안한다면 분명히 개신교회는 쇠퇴의 일로에 서 있다고 할 수 있다.[53] 현재 종교가 없는 사람들 중에 다른 두 종교에 비해 개신교를 떠난 사람들이 두 배가량 많은 것으로 나타났기 때문이다.

그런데 이제까지 살펴본 바와 같이 가나안 성도가 100만 명에 이르고 탈제도적인 특성을 나타내는 이들이 가나안 성도들의 상당수를 형성하고 있다면 확실히 제도적 차원에서는 개신교의 쇠퇴라고 할 수 있다. 그러나 이들의 종교성 자체가 약화되거나 쇠퇴하고 있다고는 볼 수 없다. 이들이 교회는 떠났을지언정 기독교 신앙 자체를 버린 것이 아니고 스스로 기독교인의 정체성을 가지고 있으므로 개인 차원 또는 주관적인 수준에서는 여전히 종교성을 유지하고 있기 때문이다. 그리고 더욱 중요하게 고려해 봐야 할 점이 있다. 이들이 제도 교회 자체를 거부하는 것인

---

53 한국기독교목회자협의회, 같은 책, p. 32.

지, 아니면 단지 현실 교회가 부정적인 속성들을 드러내기 때문에 교회에 출석하지 않는 것일 뿐 교회 자체를 거부하는 것은 아닌지 여부다. 만일 후자가 다수를 차지한다면 이들이 탈제도적 종교성 또는 개인주의적인 영성을 추구하는 것이 아니고 현실의 한국 교회가 이들을 만족시키지 못하는 것으로 판단할 수 있다. 반면에 전자가 많다면 교회가 아무리 개선된다고 해도 이들이 교회로 다시 돌아오지는 않을 것이기 때문에 제도 수준의 세속화 경향으로 볼 수 있다. 이에 대해서 더 파고들어가 보자.

**세속화와 가나안 성도**

우리 사회의 경우 앞에서도 말한 바와 같이 유교라는 국교가 폐지된 이후 사회가 종교로부터 독립됨으로써 사회 수준에서의 세속화가 진행되었다. 또한 한국 갤럽의 조사 결과에 의하면 개인 생활 속에서 종교의 중요성도 지속적으로 감소하고 있다는 점에서는 유럽의 모델과 중첩되는 특성을 갖는다.[54] 그러나 불교, 유교, 개신교, 가톨릭, 원불교, 천도교, 그리고 이슬람교 등의 기성 종교에다가 수많은 신흥 종교들과 민간 신앙까지도 함께 공존하고 있는 상황은 미국 이상의 다양한 종교적 시장의 모습을 보여 준다. 우리 사회의 종교 상황을 유럽이나 미국의 상황과 동일시하기 어렵기 때문에 어느 쪽의 경험을 우리의 상황에 그대로 적용할 수도 없다.

한국 종교의 세속화 상황을 규명하는 것은 이 책의 목적을 넘어서는

---

54 최현종, "한국인의 종교적 욕구 분석," 「신학과실천」, 제28호(2011년 9월), p. 843.

일이나, 앞에서 교회를 떠난 이유와 관련하여 분석했듯이, 한국 기독교계에서 등장한 가나안 성도들은 뚜렷한 세속화 경향을 드러내지는 않은 것으로 판단된다. 그리고 설문 조사에서 종교 세속화와 관련하여 질문하였는데, 종교의 영향력에 대해서는 대체로 높은 긍정률을 보였다. 먼저 우리 사회에서 종교의 중요성에 대해서는 87.3퍼센트 긍정률에 5점 척도 평균 3.04, 자신에게 종교의 중요성에 대해서는 78.0퍼센트 긍정률에 평균 2.94, 우리 사회에서 종교의 영향력에 대해서는 89.4퍼센트의 긍정률에 평균 3.18, 우리 사회에서 기독교의 영향력에 대해서는 90.1퍼센트의 긍정률에 평균 3.23으로 나왔다. 우리 사회에서 종교는 중요하고 기독교를 포함한 종교의 영향력도 크다고 생각하지만 상대적으로 자신에게 종교는 크게 중요하지 않다고 생각하는 경향을 나타냈다.

〈표 4〉 종교 영향력에 대한 견해

|  | 사례수 | ① 매우 그렇다 % | ② 어느 정도 그렇다 % | ③ 별로 그렇지 않다 % | ④ 전혀 그렇지 않다 % | 긍정 (①+②) % | 부정 (③+④) % | 평균 % |
|---|---|---|---|---|---|---|---|---|
| 우리 사회에서 종교가 중요하다 | (316) | 20.0 | 67.3 | 10.0 | 2.8 | 87.3 | 12.7 | 3.04 |
| 자신에게 종교가 중요하다 | (316) | 21.4 | 56.5 | 16.9 | 5.2 | 78.0 | 22.0 | 2.94 |
| 우리 사회에서 종교의 영향력이 크다 | (316) | 30.7 | 58.8 | 8.8 | 1.8 | 89.4 | 10.6 | 3.18 |
| 우리 사회에서 기독교의 영향력이 크다 | (316) | 33.8 | 56.2 | 8.7 | 1.2 | 90.1 | 9.9 | 3.23 |

이 결과만으로 우리 사회가 종교적으로 세속화되었는지 여부를 단정하기는 어렵다. 교회를 떠난 사람들조차 '사회에서 종교의 의미나 영향력의 약화'라는 측면에서 종교의 세속화가 우리 사회에서 크게 진전되었다고 생각하지는 않는 것으로 판단된다. 종교의 중요성에 대해서 상대적으로 낮게 평가한 것도 자신이 교회를 떠났기 때문인 것으로 보인다. 특히 갤럽의 종교의식 조사에서 이와 같은 질문에 대한 응답이 55.7퍼센트(2004년)에서 67.7퍼센트(1984년)로 나온 것과 비교하면, 가장 높게 나온 30년 전의 응답률보다도 10퍼센트 포인트 이상 높다.[55] 따라서 아직까지는 가나안 성도들의 신앙이 쇠퇴한다는 의미에서 가나안 성도들의 세속화를 우려할 상황은 아니라고 판단된다.

그러나 지속적인 신앙생활이나 신앙적인 돌봄이 없이 기독교인으로서의 정체성을 유지하기는 쉽지 않다. 구원의 확신에 대한 질문에서 교회를 떠나기 전에는 48.0퍼센트가 구원의 확신이 분명히 있었다고 응답했지만, 현재 상태에서는 4분의 1 정도만이 구원의 확신이 있다고 응답한 것이 이를 잘 보여 준다. 특히 2세대 신앙 전승도 약해진 상황에서 이들의 자녀가 기독교 신앙을 가질 가능성은 그리 높지 않을 것이라는 점을 고려해야 한다. 서구의 경험들에 비추어 볼 때, 소속 없는 신앙이 곧 종교성의 상실을 의미하는 것은 아니지만 종교성의 약화를 가져올 것이라는 우려까지도 불식시키는 어렵다. 곧 가나안 성도 스스로 세속화되는 결과를 초래할 수 있다는 것이다.

현재 가나안 성도들 대부분이 다른 신앙 모임에도 참여하고 있지 않

---

55 한국 갤럽, 『한국인의 종교와 종교의식 제4차 비교조사』(한국 갤럽, 2004), p. 71.

으므로 가나안 성도들에 대한 대안 마련이 절실한 상황이다. 2장에서 살펴본 바와 같이 설문 조사 결과, 이들이 아직까지는 교회 자체에 대한 거부보다는 기성 교회에 대한 불만이 크다는 점이 오히려 희망일 수 있다. 제도 교회 자체를 거부하고 개인주의 신앙을 추구한다면 이들이 다시 교회라는 이름으로 모일 가능성은 낮지만, 기성 교회에 대한 불만 때문에 교회를 떠난 것이라면 교회가 교회다운 모습으로 갱신하고 회복된다면 이들이 다시 교회를 찾을 수도 있기 때문이다. 교회가 교회다움을 잃는 원인 중의 하나는, 교회가 본래의 공동체성보다는 하나의 제도화된 종교 조직의 특성을 띠는 것과 관련이 있다. 다음 장에서는 이에 대해서 더 자세하게 살펴보도록 하겠다.

# 10
## 공동체와 조직

### '교회 제도화'의 딜레마

이제까지 살펴본 내용들, 특히 가나안 성도들의 교회의 특징들을 보면, 가나안 성도들은 보다 공동체적인 환경의 교회를 추구하는 것을 알 수 있다. 오늘날의 교회가 건물 중심의 조직을 갖추고 규모가 커지면서 반대로 성경에 나오는 초대교회의 공동체적인 특성을 잃어 가고 있다고 판단하는 것이다. 이것이 종교 사회학에서 말하는 이른바 '교회의 제도화'의 딜레마다. 교회는 공동체를 추구하지만 그 형태는 사회 조직의 특성을 나타내는 데서 오는 문제를 가리킨다. 교회는 하나의 공동체로서 교회 구성원인 신자들 사이에 일치와 연합, 결속을 강조하지만, 동시에 하나의 조직으로서 효율성을 추구하기 때문에 어그러짐이 나타난다. 이런 점에서 교회는 사회학에서 말하는 1차 집단과 2차 집단의 특성을 모두 포함하고 있는 독특한 구조다.

사실 교회의 제도화는 교회가 존재를 지속하며 여러 가지 활동을 하기 위한 필수 요건이다. 모든 조직은 처음에는 일정한 목적을 달성하기 위한 하나의 운동체 성격으로 시작하지만, 효율성을 높이고 목적에 보다 빨리 도달하기 위하여 제도화의 길을 걷게 된다. 마찬가지로 종교도 처음에는 창시자의 카리스마 있는 능력으로 시작되지만 그 후에는 안정성을 유지하기 위해 제도화되는 경향이 있다. 막스 베버는 이를 '카리스마의 일상화'라고 설명하였다.[56] 종교의 제도화는 특정 종교가 안정된 지위를 확보하면서 역사를 따라 지속하는가, 아니면 창시자의 카리스마적 종교 운동으로 끝나고 마는가를 결정하는 중요한 기준이 된다. 여기서 1세대 지도자의 카리스마적 권위의 제도화가 순조롭게 진행되지 않는다면 조직은 와해될 수도 있다.

교회의 경우도 마찬가지다. 교회가 처음 세워질 때에는 대개 개척 교회라는 형태로 초대 목회자의 리더십과 헌신으로 유지되지만, 초대 목회자의 권위와 리더십이 제도화를 통해 안정되지 않으면 권위의 승계 과정에서 많은 문제가 야기될 수 있다. 목회 세습의 경우도 1세대의 카리스마적인 권위가 지나쳐서 합리적인 규칙이나 절차가 무시되어 일어난 일로 이해할 수 있다.

그러나 한편으로는 제도화 자체가 여러 가지 문제를 일으키기도 한다. 먼저 조직의 규모가 커질 때 필연적으로 나타나는 귀속감 저하 현상을 가리키는 '확장의 딜레마'를 들 수 있다. 곧 구성원 사이에서 목표와 규범에 대한 합의의 강도가 약화되는 것이다. 구성원 사이의 교섭이 어려워지고 다양성이 증가되면서 정책 결정에 대한 공통 이해에 도달하기 어려워

---

56 이에 대하여는 Max Weber, *The Theory of Social and Economic Organization*(Talcott Parsons 엮음, New York: Free Press, 1964), pp. 363-364를 보라.

진다. 다음으로 '복합 동기의 딜레마'를 들 수 있다.[57] 이것은 교회의 규모가 커질수록 다양한 사람이 모이기 때문에 교회 출석 동기가 다양해지는 것을 말한다. 사람들이 교회에 나오는 이유는, 구원을 받고 삶의 의미를 찾기 위한 것뿐만이 아니라, 위로나 도움을 받기 위해, 복을 받기 위해, 치유를 받기 위해, 사회에서 누리지 못하는 지위나 권력을 교회에서 대용으로 누려 보기 위해, 사회 운동의 기반을 구하기 위해, 정치나 사업의 발판으로 삼기 위해 등 참으로 다양하다. 마지막으로 가장 큰 문제는 관료주의화의 문제다. 현대의 모든 조직은 상당한 관료제 성격을 지니고 있다. 관료제는 조직 자체의 존속과 기득권 유지를 최우선의 목표로 삼기에 환경에 유연하게 변화하지 못하는 결과를 낳는다.[58]

이것은 트뢸치(Ernst Troeltsch)에 의하면, 교회와 종파의 문제이기도 하다. 트뢸치는 교회(the church)와 종파(the sect)를 구분한다. 종파는 배타적인 집단으로 덜 조직화되어 있으며 멤버십은 자발적이나 어떤 조건들, 곧 특별한 교리에 대한 믿음이나 특별한 수행에 대한 동조를 요구한다고 보았다. 반면에 교회는 제도화되어 있으며 주변 문화에 동조하는 경향이 있고, 사회의 모든 멤버들이 참여하도록 장려하고 특수한 헌신이나 동조를 덜 요구하는 포괄적 집단 조직이라고 말하였다. 따라서 교회는 기존의 정치 및 사회 체제와 타협하고 그것에 순응하는 종교와 사회 조직이고, 종파는 정신의 순수성을 추구하기 위하여 모든 충성을 다하는 사람

---

57 Thomas O'Dea, "Five Dimensions in the Institutionalization of Religion," *Journal for the Scientific Study of Religion*, 1(1), p. 33.
58 John Wilson, *Religion in American Society* (Englewood Cliffs, N. J.: Prentice-Hall, 1978), pp. 153-158.

들의 자원 단체라고 볼 수 있다.[59]

이런 점에서 교회는 유럽의 국가 교회 형태들을 의미하고, 종파는 미국과 한국의 초기 기독교와 가깝다. 그런데 종파형 교회들은 규모가 커지고 스스로 제도화되면서 점차 교회형으로 바뀌게 된다. 종파에는 대개 사회의 하류층이나 주변부 인물들, 박탈을 경험한 사람들이 참여하지만, 교회에는 주로 사회의 주류 계층이 가입하면서 교회 자체가 기득권층화하게 된다. 따라서 초기에는 종교 정신의 순수성을 추구하기 위하여 모든 충성을 다하며 세상과의 구별을 강조하지만 점차 기존의 정치 및 사회 체제와 타협하게 되고 그것에 순응하게 된다. 이러한 이론은 트뢸치 이전에 막스 베버에서 출발하였고, 리처드 니버(Helmut Richard Niebuhr)가 그의 책 『교단 분열의 사회적 배경』에서 보여 주고자 했던 것도 바로 같은 논지였다.

이것은 기독교의 역사를 보면 쉽게 이해할 수 있다. 유대교 사회였던 이스라엘에서 기독교는 일종의 신흥 종파였지만, 국교의 위치까지 올라가 점차 제도화되면서 기성 종교로 탈바꿈한다. 또한 개신교는 가톨릭의 지배 아래서 하나의 신흥 종파로 시작했지만, 세계적인 종교로 성장하였다. 마찬가지로 영국의 성공회는 로마 가톨릭으로부터 분리해 나왔지만, 성공회가 제도화되면서 성공회 성직자인 웨슬리는 감리교를 창시하였다. 그러나 감리교 역시 제도화의 길을 걷게 되면서 감리교 목사인 윌리엄 부스(William Booth)는 가난한 이들과 함께하고자 구세군을 창설하였다.

---

59 Ernst Troeltsch, *The Social Teaching of Christian Churches*, 1권(Olive Wyon 옮김)(New York: Harper & Brothers, 1960), p. 331.

이와 같이 종파형은 역사의 진전에 따라 점차 교회형으로 변화하는 경향을 띤다.

이것은 또한 중세 수도원 운동과도 관련이 있다. 중세 교회가 제도화되고 교권화되어 부패하기 시작하자 기독교 본연의 영적 생활로 되돌아가고자 수도원 운동이 발생한다. 수도원은 사유재산을 완전히 포기하고, 탁발 생활을 하는 가운데 마음의 청결을 유지하는 생활을 하였다. 그래서 이들 수도회를 탁발 수도회라고 한다. 수도회는 그리스도를 따르는 사랑과 청빈 생활의 모범으로서, 그리스도교 안에 신선한 영적 생명을 유지시키는 중요한 역할을 해 왔으며, 학문 연구와 사회 봉사 등을 통하여 세계 역사에도 크게 기여했다.

수도원 운동에 불을 지핀 것은 사막 교부들로, 이들은 3세기 경에 주로 이집트의 스케티스 사막에서 생활한 은수자들, 금욕주의자들, 수사들, 수녀들(사막 교모)이다. 사막 교부들은 초기 기독교의 발전에 주요한 영향을 끼쳤는데, 중세의 수도원은 모두 감화와 인내를 추구하며 사막으로 향했던 이들로 인해 시작되었다. 그뿐만 아니라 독일의 복음주의와 펜실베이니아 경건주 그리고 영국에서의 감리교 부흥과 같은 종교 부흥들조차도 사막 교부들의 영향을 받았다고 여겨진다. 이들이 사막으로 나간 이유는 사막이라는 공간이 제도화된 교권이 미치지 않는 곳이었기 때문이다. 교회의 본래 모습을 회복하고자 했던 이 운동은 이른바 교회 제도화에 대한 반작용 운동이다.

그러나 중세 교회를 개혁하고자 했던 수도원마저도 결국에는 스스로 권력화되고 만다. 종파적 특성을 상실하고 기성 교회로 편입되는 순간 제도화의 딜레마에 빠져 스스로의 갱신을 구해야 하는 상황이 된 것이다.

앞장에서 살펴본 바와 같이 오늘날 미국의 종교 상황도 마찬가지다. 핑크와 스타크는 교회와 세상의 긴장 관계에 따라 분파가 교회로 변하고, 그에 따라 세속화 과정을 겪게 되어 또 다른 분파가 발생한다고 보았다. 분파로서의 열정이 기득권으로서의 안락함으로 대체될 때 본래의 순수성이나 초기 정신은 달라질 수밖에 없다.

**한국 교회의 제도화와 가나안 성도**

한국 기독교의 역사도 이러한 측면에서 이해할 수 있다. 역사학자들의 연구를 보면, 평양 대부흥기를 거치면서 부흥하기 시작한 한국 교회는 3·1 운동 이후에 제도화의 길을 걷게 된다. 3·1 운동 이후 조선의 독립운동은 이념적, 조직적으로 나뉘기 시작한다. 이념적으로는 오른편에 문화적 민족주의 그룹이 있었고, 왼편에는 공산주의 세력이 있었다. 전략적인 외교 노선이 있는가 하면 무장 투쟁 노선도 있었다. 그런데 3·1 운동 이전까지 개혁 정치와 독립운동 전선의 맨 앞에 서 있던 기독교는 '순수 종교화' 작업에 열중하고 교회의 '비정치화'에 더욱 몰두하면서 민족의 문제를 외면하기 시작하였다.

   이제 교회는 이 세상 문제를 논의하는 곳이 아니라 '저세상'을 바라보는 곳이 되어 갔다. 진보적인 입장을 취하던 목사들도 교회와 사회, 정치 문제를 분리하고자 했다. 교회와 독립운동이 분리되기 시작한 이유는, 일제가 '문화 정치'라는 이름으로 집회, 결사, 언론의 자유를 제한적이나마 허용하면서 독립운동가들은 더 이상 종교의 보호벽이 필요하지 않게 되었고, 교회 공동체에 기댈 필요가 없어졌기 때문이다. 그러나 무엇보다도 교회 지도자들이 사회 문제로부터 관심을 돌리기 시작하면서 민족주의 좌파뿐만 아니라 우파까지도 교회에 등을 돌리고 교회에 대하여 날카로운 비판을 하는 일들이 생겼다.[60]

이때부터 한국 교회에서 비사회화, 비정치화 경향이 두드러지는데, 이것이 바로 한국 교회의 제도화와 관련되어 있다. 1920년대에 이르면 한국 교회는 조직상으로 전에 없이 엄청난 수의 봉급자들을 거느리게 된다. 장로교와 감리교만 해도 1천 명이 넘는 성직자와 2천 명 가까운 행정 요원들이 교회에 경제적으로 의존하고 있었다. 이들은 25만 명이 넘는 신도들과 수천의 교회와 수백의 학교를 운영하고 가르치는 지도자들이었다. 이렇게 기독교 지도자들은 종교 지식을 하나의 자본으로 사회적 지위를 확보하였는데 결국 이러한 지위를 유지하기 위해 독립운동 등 사회 문제에 등을 돌리게 된 것이다. 그리고 종교 지도자로서 사회적 지위와 명성을 얻게 되자, 옛 양반들처럼 이들도 교인과 일반 사람들에 대하여 지적, 문화적, 사회적 우월감을 갖고 이들 위에 군림하려는 태도를 보이기 시작한다. 그러자 기독교 안에서조차 지도자들이 점점 상층 계급에만 관심을 가지고 그들과 짝하여 간다는 비판이 나올 정도였다.[61]

이는 교회 성장이 몰고 온 '평범화 과정'이라고 볼 수 있다. 기독교의 사회 발전 운동이 낳은 열매를 얻고 기독교 지도자들은 사회적 상승 이동을 했다. 기독교가 베푼 교육과 정치 훈련을 받고 그 안팎에서 자리를 얻어 권위적이고 위계적인 지도자 그룹을 형성했고, 점차 보통 사람이 되

---

60　민경배, 『한국 민족교회 형성사론』(연세대학교출판부, 1974), p. 48.
61　박정신, "일제 강점기의 기독교와 민족운동: 그 물림과 엇물림의 사회사," 같은 책, pp. 105-106.

어 간 것이다.[62] 결국 사회 혁신 그룹이었던 기독교 공동체가 기득권층화 되면서 그 역사에 대한 책임 의식도 약화되고 보수화의 길을 걷게 되었다.

우리 역사에서 일어난 무교회주의 운동도 이와 관련이 있다. 무교회주의는 일본의 우치무라 간조(內村鑑三)가 주창한 것으로, 그는 "기독교 신앙의 유일한 근거는 성서일 뿐이며, 교회와 그 관습은 기독교를 담아내는 껍데기"라고 말하며 교회의 의식, 전례, 신조, 교회당 등 제도적인 것에 매이기를 거부하였다. 따라서 무교회주의는 조직화된 제도권 교회를 강조하여 '교회 밖에 구원이 없다'는 이른바 교회주의에 반대 또는 저항하는 신앙과 신학 사상이라 할 수 있다. 한국에서는 우치무라 간조의 문하에 있었던 한국인 유학생들에 의해 전파되었는데 이 시기가 바로 1920년대 후반으로 앞에서 살펴본 한국 교회의 제도화 과정과 무관하다고 볼 수 없다. 실제로 한국의 무교회주의 운동을 일종의 종파 운동으로 보는 견해도 있다.[63]

한국의 대표적인 무교회주의 사상가로는 김교신과 함석헌이 널리 알려져 있는데, 김교신은 "무교회주의란 진정한 기독교를 의미하는 것이요, 무교회주의자란 진정한 크리스천을 의미하는 것이다. 교회의 유무(有無), 세례의 유무 등은 하등 관계없다. 무교회주의, 곧 복음, 무교회주의자, 곧 신자다"라고 주장하였다. 이러한 신앙 형태는 동료인 함석헌에 와서 사상적 체계를 갖추었다. 함석헌에게 무교회주의는 교회의 바리새주의, 조직 교회의 비복음적 현상에 대한 대안으로 여겨졌다. 또한 교회 제도화에

---

62 박영신, "기독교와 사회발전," 『역사와 사회변동』(민영사, 1987), 10장.
63 이에 대하여는 서정민, "한국 무교회주의 운동사의 검토: 한국교회사적 평가를 중심으로," 『신학사상』, 146권(2009년), p. 215를 보라.

대한 저항이었다. 1장에서 그가 "민중의 종교였던 기독교가 중류 계급의 종교가 돼 버렸다"고 비판한 것은 바로 이러한 맥락 때문이다.

최근에는 교회 3.0에 대한 책도 출판되었는데, 가정 교회 또는 공동체적 교회를 나타내는 초대교회가 1세대 교회이고, 제도화되고 교권화된 교회가 2세대 교회라면 3세대 교회는 어떤 형태와 특징을 가질까에 대한 논의라고 할 수 있다. 이러한 교회 형태의 변화는 일종의 변증법적인 관계로 이해할 수 있다. 앞에서 설명한 대로 교회는 기본적으로 공동체적인 특징과 조직적인 특징을 모두 가지고 있는데, 두 가지 특징이 정, 반, 합의 역사 과정을 거치면서 변화를 거듭한다.

현재 우리 사회의 가나안 성도 현상도 한국 교회가 지나치게 제도화되는 데 대한 반작용이자 비제도권의 교회 갱신 운동으로 볼 수 있다. 중세 교회가 제도화되고 교권화됨에 따라 수도원 운동이 일어나고 교권이 미치지 않는 사막으로 나갔던 사막 교부들처럼, 가나안 성도들 역시 한국 교회 제도화 과정에 반발하며 교회를 떠난 것으로 이해할 수 있다. 〈표 5〉에서 보는 바와 같이, 교회 제도화와 관련된 설문 문항에서는 먼저 교회 안의 다양한 견해의 존중에 대한 동의율이 87.2퍼센트(평균 4.38)로 가장 높았고, 다음으로 교회 안의 민주적인 의사결정에 대한 동의율이 86.8퍼센트(평균 4.32)로 비슷하게 높았다. 그리고 설교에 대한 다른 견해와 목회자에 대한 무조건적인 순종이 부적절하다는 것에 대해서도 각각 79.9퍼센트(평균 4.04)와 77.6퍼센트(평균 4.09)로 비교적 높은 동의율을 나타내 교회 제도화에 대한 거부감을 나타냈다. 이것은 과거와 달리 맹목적인 충성을 하지 않고 교회가 공동체라 하더라도 획일적인 전체주의가 아니라 협의와 조정을 통해 공동체를 이루어 가야 한다는 생각을 가

<표 5> 교회 제도화 관련된 견해

| | 사례수 | ⑤ 매우 그렇다 | ④ 조금 그렇다 | ③ 그저 그렇다 | ② 별로 그렇지 않다 | ① 전혀 그렇지 않다 | BOT2 (①+②) | TOP2 (④+⑤) | 평균 |
|---|---|---|---|---|---|---|---|---|---|
| | | % | % | % | % | % | % | % | 4점 척도 / 5점 척도 |
| 신앙은 순전히 개인적인 것이라 생각한다 | (316) | 32.3 | 38.8 | 17.0 | 9.3 | 2.7 | 11.9 | 71.1 | 3.89 |
| 성경에 대하여 나 나름대로 관점을 가지고 있다 | (316) | 19.5 | 51.4 | 20.7 | 7.8 | .6 | 8.4 | 70.9 | 3.81 |
| 목회자의 말에 무조건 따르는 것은 바람직하지 않다고 생각한다 | (316) | 41.7 | 35.9 | 13.5 | 7.3 | 1.6 | 8.9 | 77.6 | 4.09 |
| 교회 안에서도 다양한 견해가 있을 수 있다고 생각한다 | (316) | 49.1 | 38.1 | 9.2 | 2.8 | .8 | 3.6 | 87.2 | 4.32 |
| 설교 말씀에 대해서 다른 견해를 가질 수 있다고 생각한다 | (316) | 33.4 | 46.5 | 12.8 | 5.6 | 1.7 | 7.3 | 79.9 | 4.04 |
| 교회 안에서도 민주적인 의사 결정을 해야 한다고 생각한다 | (316) | 55.0 | 31.8 | 10.2 | 2.2 | .8 | 3.0 | 86.8 | 4.38 |

지고 있는 것으로 판단된다. 이러한 점은 교회를 떠난 성도들이 '교회의 제도화'에 대한 반발이 크다는 것을 나타낸다. 진정한 의미에서 교회 공동체성의 회복이 시급한 과제임을 보여 준다.

한편 신앙의 독자성을 보다 분명하게 나타내는 "신앙은 순전히 개인적인 것"이라는 진술과 "성경에 대한 자신의 관점 보유"와 같은 진술에 대해서는 각각 동의율 71.1퍼센트(평균 3.89)와 70.9퍼센트(평균 3.81)로 상대적으로 낮은 동의 정도를 나타냈다. 그러나 앞에서 "개인이 교회와 독립적으로 자신의 종교 신앙을 가져야 한다"는 데에 미국인의 80퍼센트 정도가 동의한 것을 미루어 볼 때 신앙의 개인주의화 경향도 우리 사회에서 점차 증가할 것으로 예측된다.

교회 제도화에 저항하는 가나안 성도들을 섣불리 교화하려 하거나 제도권으로 흡수하려 하기보다는 그들의 영적인 욕구가 무엇인지 파악하고 이것을 기성 교회에서 수용함으로써 교회를 갱신하려는 노력이 요구된다. 이런 점에서 미국의 기독교인들이 교회를 떠나는 과정과 이들이 교회 밖에서 신앙을 추구하는 것에 대하여 연구한 앨런 제미슨(Alan Jamieson)의 조언에 주목할 필요가 있다. 그는 복음주의, 오순절, 은사주의 교회를 떠난 사람들을 조사한 결과를 바탕으로, 교회가 떠난 사람들에게 도움을 줌으로써 교회 없는 신앙(a churchless faith)을 유지할 수 있다고 말한다. 교회를 떠난 이들을 기성 교회로 오게 하기는 쉽지 않기 때문에 교회를 떠난 상태에서라도 신앙을 유지할 수 있도록 돕는 노력이 필요하다는 것이다. 그래서 최근에 부각된 구도자에 민감한(seeker-sensitive) 교회뿐만 아니라 교회 이탈자에 민감한(leaver-sensitive) 교회와 교회 이탈자들이 안전하게 탐구할 수 있는 경계 집단들(liminal groups)도 필요하다고 말한다.[64] 이것은 앞에서 필립 얀시가 말한 것과도 일맥상통한다.

우리 사회에서는 청어람 아카데미가 운영하고 있는 '세속 성자 모임'도 그러한 실험의 하나일 것이다. 그리고 최근에는 가나안 성도들을 위한 사역을 준비하는 목회자들이 늘고 있고, 이들은 서로 연계하여 협력

---

64  Alan Jamieson, *A Churchless Faith: Faith Journeys beyond the Churches*(London: The Society For Promoting Christian Knowledge, 2002).

사역을 할 계획도 가지고 있다. 현실에서 이들이 돌아가고 싶어 하는 교회를 찾기가 쉽지 않다면 기성 교회로 돌아가기를 강요하기보다 교회를 떠난 상태에서라도 신앙을 유지하도록 돕는 것이 차선책이 될 수 있다. 실제로 신우회 사역을 하는 목회자들의 이야기를 들어보면 교회는 떠난 상태지만 신우회에 나와서 신앙을 유지하려는 사람들이 꽤 많다. 이들의 영적인 욕구에 반응하며 신앙을 잃지 않도록 공동체적인 환경을 만들어 줄 필요가 있다.

그러나 앞에서 살펴보았듯이, 이러한 운동이 스스로 제도화되었을 때 또 다른 모순을 낳을 수도 있다는 점을 상기하며 '제도화의 역습'을 방지할 수 있는 방안을 마련할 필요가 있다. 가나안 성도들의 교회가 초기에는 공동체적인 특징을 강하게 보이더라도 시간이 지남에 따라 점차 제도화되는 경향을 갖게 될 것이다. 그렇게 되면 이 교회들조차도 기성 교회의 모습과 유사한 특징을 띠게 되는 한계를 가질 가능성이 높다. "개혁 교회는 끊임없이 개혁되어야 한다"는 신학 명제와 같이, 다가올 제도화의 딜레마를 어떻게 극복할 것이냐가 가나안 성도들의 교회에서도 중요한 과제가 될 것이다.

## 교회 제도화를 넘어서

이제까지 살펴본 바와 같이 교회의 제도화는 많은 문제를 내포하고 있다. 그러나 이러한 문제를 염려하여 제도화를 거부한다면, 교회는 매우 효율성이 떨어져 본래의 사명을 감당하는 데 큰 어려움을 겪을 뿐만 아니라 교회의 존속 자체가 어려워질 수도 있다. 중요한 것은 필요한 조직과 제도를 유지하면서도 이 제도를 합리적이고 민주적으로 운영하는 것이다. 이를 위해서는 조직의 규모를 최소화하고 조직 안의 권한과 책임을 최대한 분산시킬 필요가 있다.

이러한 점에서 우리는 작은 교회에 주목할 필요가 있다. 작은 교회는 교회의 본질적 특성이자 성경에서 말씀하고 있는 공동체로서의 교회에 보다 가까운 형태를 지니고 있기 때문이다. 종교 교육학자인 존 웨스터호프 3세(John H. Westerhoff III)는 공동체가 소규모여야 함을 역설했다. 그리고 구성원들이 의미와 목적을 지닌 교섭을 유지할 수 있고, 친숙한 교제의 배려를 위한 적정 인원은 300명이라고 제안하였다. 따라서 대형 교회가 되지 못해서 작은 교회로 존재하는 것이 아니라 공동체성을 위해 작은 교회를 추구할 수 있으며 이것이 오히려 교회다운 교회되게 하는 바람직한 방법이기도 하다.

그러나 규모가 작다고 해서 그것이 곧 공동체를 의미하지는 않는다. 작은 교회라도 권위적인 리더십을 앞세워 교인들을 단순히 목회의 대상으로 여기는 독단적인 목회를 한다면 공동체의 의미와는 매우 거리가 멀어질 것이다. 중요한 것은 규모를 떠나 작은 교회의 가치와 교회의 공동체성을 추구하는 것이다. 이런 점에서 규모가 큰 교회라도 '교회 안에 작은 교회'(ecclesiola in ecclesia)의 정신에 따라 공동체라는 교회의 본질을 회복하기 위해 노력하는 것이 중요하다.

중형급 이상의 교회들은 기존의 거대한 피라미드식의 조직과 상명하달식의 의사소통 구조에서 작은 모임들이 필요에 따라 연계할 수 있는 네트워크식의 구조로 전환할 필요가 있다. 요즘 교계에서 주목을 받고 있는 소그룹 활동을 교회 조직의 재구조화에 활용하는 것이 하나의 방법이다. 소그룹은 친밀한 공동체 생활이 가능한 환경을 제공해 준다는 점에서도 매우 중요한 역할을 하고 있다. 이 장의 처음에서 언급했듯이, 교회 자체가 2차 집단의 특성이 강해지는 것을 방지하면서도 교회 구성원 모두가 자발성과 책임 의식을 가지고 활동할 수 있는 새로운 패러다임의 구조가 강구되어야 한다.

또한 소그룹 안에서의 친밀한 교섭은 구성원들 사이에 신뢰 형성을 가능하게 해 준다. 이러한 신뢰 관계를 바탕으로 공동체가 형성되면 불확실성이 감소해 공공 활동에 함께 참여하기도 더 쉬워진다. 미국에서는 소그룹이 실제로 여러 가지 방면에서 전통적인 시민 결사체의 기능을 한다고 보고한다. 이와 같이 교회의 소그룹은 교회 자체를 공동체화할 뿐만 아니라, 교회가 사회와 접촉점을 만드는 유용한 수단으로 활용될 수 있다. 따라서 교회 조직을 소그룹 네트워크 형태로 전환할 필요가 있다.[65]

소그룹은 다양하게 살고 있는 사람들을 일정한 장소에 모아 서로 이해할 수 있는 토대를 제공해 줌으로써 구성원 사이의 관계 개선을 이루어 준다. 또한 구성원 전원이 활동의 주체가 되어 자발적이고 적극적인 참여를 이끌어 낸다.[66] 이러한 다양성에 대한 인정은 소그룹의 가장 두드러진 특징으로, 이것은 현대 교회에서 소그룹 운동이 성공할 수 있었던 가장 중요한 이유 가운데 하나다. 권위주의 종교와 같이 한 방향만을 고집하거나 하나의 주의, 주장만 옳다고 하지 않고, 소그룹 자체를 부정하지만 않는다면 누구라도 들어와서 자신의 생각과 의견을 나눌 수 있다

---

65  교회 소그룹의 사회학적 의미에 대하여는, 정재영, 『소그룹의 사회학』(한들, 2010)을 보라.
66  같은 책, p. 120.

는 것이 소그룹 모임의 특징이다. 곧 현실 사회의 다원화된 가치관을 교회가 가장 현실성 있게 수용할 수 있는 것이 소그룹이다. 이러한 다원성의 수용은, 앞에서 살펴본 바와 같이 권위주의적이고 경직된 모습에 실망해 교회를 떠나는 '가나안 성도'들을 포용할 수 있는 요소가 될 수 있다는 점에서 매우 중요하다.

그러나 4장에서 살펴본 바와 같이 소그룹 자체가 형식적으로 운영된다면 본래의 기능을 담당하기 어렵다. 소그룹 안에서조차 적당한 수준의 적당한 은혜 받기에만 머무른다면 보다 깊은 차원의 영적인 갈급함을 가진 사람들의 필요를 채워 줄 수 없기 때문이다. 사람들의 깊은 영적 필요를 채워 주려면 무엇보다도 소그룹이 공론의 장으로 활용되어야 한다. 소그룹 안에서만큼은 다양한 의견이 개진되고 어느 누구라도 자신의 의견을 피력할 수 있는 기회가 보장되어야 한다. 이것은 예배 시간이나 전체 회중이 모인 자리에서는 이루어질 수 없는 매우 중요한 차원이다. 개인 신앙의 문제뿐만 아니라 다양한 교계 이슈 또는 사회 이슈에 대해서 치열하게 토론할 기회가 마련되어야 한다. 다만 토론식 모임에 익숙하지 않은 현재 교회 풍토에서 이에 대한 교육과 훈련이 전제되어야 한다.

또한 교회 활동에서 제도화의 폐단을 극복하기 위해서는 관료제와 같은 피라미드식의 상명하달의 조직보다는 책임을 분담하는 위원회와 같은 소모임의 수평적인 의사소통의 관계망을 이루는 것이 좋은 방법이다. 대부분의 교회에는 당회나 기획위원회 외에 예배, 교육, 선교, 친교, 사회봉사 등을 담당하는 위원회가 있다. 그러나 많은 경우 이 위원회는 유명무실하게 운영되거나 고작해야 당회나 기획위원회 또는 교회협의회와 같은 상위 기관의 지시 사항을 교인들에게 하달하는 역할에 머물러 있다. 교회를 공공의 공간으로 회복하기 위해서는 필요에 따라 다양한 위원회를 두고 이 위원회가 실무를 담당하고 의사결정을 할 수 있도록 권한을 위임할 필요가 있다.

유형에 따라서 위원회 중심 교회와 소그룹 중심의 교회 그리고 위원회와 소그룹 혼합형이 있을 수 있다.[67] 그러나 어느 경우든지 평신도 중심의 소모임을 활성화하고 평신도 스스로 토론을 통해 자율적으로 결정할 수 있도록 하는 것이 중요하다. 여기서 담임 목회자의 역할은 전체적인 방향을 설정해 주고, 교회의 비전이나 목표에 어긋나지 않도록 안내하는 것이다. 평신도 위원회의 결정이 신학적으로 문제가 되거나 전체 교회 공동체에 해가 되는 일이 아니라면 가능한 한 그 결정을 존중하고 따르는 것이 바람직하다. 그리고 교인의 위원회 배정도 목회자나 당회에서 일방적으로 결정하기보다, 은사 발견 세미나나 성격 유형 테스트 등을 통해 각 교인들의 관심과 적성을 고려하여 배정하는 것이 좋다.

그리고 일의 진행은 성과 중심보다는 교인들의 참여와 협력의 과정을 중시하고 이를 통해 교회의 비전을 공유할 수 있도록 해야 한다. 교회가 제도화되고 규모가 커짐에 따라 일 자체에 매이게 되고 일의 결과에 대해서만 판단하는 경우가 많아지고 있으나, 교회의 공동체성을 생각한다면 보다 중요한 것은 일을 통해서 공동체성이 발전되고 있는지 여부다. 일 자체는 다소 더디고 실수가 있더라도 실수를 통해 배우고 협력할 수 있다면 그것이 교회가 추구하는 공동체에 더 부합하는 모습이다.

---

[67] 교회의 다양한 조직 구조 형태에 대하여는, 배종석·양혁승·류지성, 『건강한 교회, 이렇게 세운다』 (IVP, 2008), pp. 158-176를 보라.

이와 같이 소그룹은 교회의 구조를 혁신적으로 탈바꿈시킬 수 있는 많은 가능성을 가지고 있다. 그러나 이러한 잠재력은 소그룹에 참여하는 모든 지도자와 구성원이 함께 노력할 때에라야 진정으로 실현될 수 있다. '교회 안의 작은 교회' 정신에 따라, 소그룹이 제도화된 교회의 경직성을 극복할 수 있는 하나의 누룩 공동체로 작용하면서 교회에 역동성과 활력을 가져올 수 있도록 해야 한다. 이것은 교회의 제도화에 저항하여 교회를 떠나는 사람들을 근본적으로 예방할 수 있는 중요한 방법이 될 것이다.

여기에 한 가지 덧붙일 것은 우리 사회에 대한 책임 의식이다. 교회가 제도화되면서 나타나는 문제 중의 하나는 스스로 기득권층이 되면서 사회에 대한 예언자의 역할을 수행하지 못하는 것이다. 이것은 앞에서 살펴본 바와 같이 세계 교회의 역사나 한국 교회의 역사에서 분명하게 드러난 사실이다. 전래 초기 한국 교회에서는 남녀와 신분의 차별이 없이 공동으로 참여하는 토론회가 활성화되었으며 자원 조직으로서의 교회가 전국 곳곳에 세워졌다. 교회는 공공의 공간으로서 수평의 의사소통을 수행하는 시민들의 공간이 되었다.[68] 그리하여 한국 역사에서 교회는 민주적인 조직을 선도하는 역할을 담당하였다. 그러나 교회가 점차 제도화되면서 이러한 특성을 상실한 것이다.

교회는 세상 속에 존재하지만 세상과 구별된 모습을 보여 주어야 한다. 종교의 생명력은 현실에 대한 '초월성'에 있다. 현실 세계에 동화되어 세

---

68 박영신, "'공공의 공간' 형성과 확장: 한말 조선 사회와 그 이후," 「사회이론」, 2004년 봄/여름호, pp. 21-26.

속 가치에 매몰되어 버린다면, 종교의 본질인 초월의 이상은 아무런 의미를 가질 수 없기 때문이다. 여기서 말하는 초월의 이상은 기독교식으로 표현한다면, 성경의 정신 또는 성경의 가르침이다. 교회는 이 세상에 속한 그 무엇이라도 성경의 정신과 그 가르침에 비추어 판단할 수 있어야 한다. 심지어는 교회 자체도 '성경'이라는 절대적인 기준(canon)에 따라 스스로 반성하고 끊임없이 갱신해야만 한다. 이것이 교회가 참 교회되게 하는 길이다.

또한 참된 기독교인이라면 쉽사리 현실과 타협하려 하기보다는 순수한 신앙을 변질시키거나 왜곡시키려는 세상의 질서를 근본적으로 변혁하기 위해 노력해야 한다. 이것이 성경에서 말하는 예언자의 역할이다. 한국 교회가 우리 사회에서 올바른 역할을 감당하기 위해서는 현실에 영합하지 않고 성경의 가르침에 근거하여 현실 사회를 비판할 수 있는 예언자의 모습을 회복해야 한다. 이것이 이 땅에 교회가 존재하는 중요한 이유 가운데 하나다.

# 맺는말

## 가나안 성도 현상이 의미하는 것

우리 사회에서 교회는 비기독교인들에게 마치 소통 불능의 공간처럼 비친다. 사회 안에 존재하면서도 바깥세상과는 담을 쌓은 채 자기들끼리만 통하는 말로 자기들끼리의 논리로 자기들끼리의 세상을 만들고 있는 것으로 보인다. 그런데 이 연구에서 드러났듯이, 기독교인들, 특히 모태 신앙인들에게도 교회의 이런 모습은 매우 큰 문제로 여겨진다. 교회는 특정 부류의 사람들이 모인 곳이 아니라 "헬라인이나 유대인이나 할례파나 무할례파나 야만인이나 스구디아인이나 종이나 자유인이 차별"(골 3:11) 없이 서로 다른 부류와 다양한 계층의 사람들이 하나되는 공동체여야 하기 때문이다. 이런 점에서 가나안 성도, 가나안 성도들의 교회는 그들이 의도하든 의도하지 않든 기성 교회에 큰 도전이 되고 있다. 그것은 이들이 기성 교회에 대해 뚜렷한 불만을 가지고 떠난 사람들이고 그들 중에 일부는 기성 교회와 차별성을 갖는 대안적인 교회를 세우고 있기 때문이다.

여기서 2005년 인구 총조사를 다시 살펴볼 필요가 있다. 가톨릭 인구가 괄목할 만한 성장을 이룬 반면에 개신교 인구는 소폭 감소한 것은 앞에서도 살펴보았다. 그런데 그 내용을 자세히 살펴보면, 서울을 비롯한 수도권 신도시에서 가톨릭 인구가 큰 폭으로 증가한 반면에 개신교 인구는 같은 곳에서 큰 폭으로 감소했다. 흔히 도시의 합리적인 지성인들에게 설득력이 있는 종교로 여겨져 온 개신교가 최근에는 깊이 있는 사고를 하기보다는 비합리적이고 '덮어놓고' 믿는 식의 감정적인 종교로 여겨지고 있다.

납득이 되고 이치에 맞아야 믿는 이른바 사고하는 기독교인들(Thinking Christian)은 이런 식의 신앙을 받아들이지 않는다. 이것은 최근 젊은이들이 교회를 떠나고 있다는 사실과도 무관하지 않다. 젊은이들은 그들의 부모 세대와 같이 충성도가 높지 않고 개교회에 대한 애착심도 그다지 깊지 않아서 과거와 같이 '모교회'에 대한 개념도 모호하다. 오히려 자신의 신앙관을 인정받을 수 있고, 실제로 자신의 신앙 발달에 도움을 받을 수 있는 교회로 옮기기를 선호한다. 가나안 성도가 100만 명으로 추산된다는 말에 많은 기독교인들은 잠재적 가나안 성도 역시 100만 명, 또는 그 이상이 될 것이라고 말한다. 여러 가지 사정으로 교회를 떠나지는 않았지만, 계기가 마련되면 언제든지 떠날 수 있는 사람들이 그렇게 많다는 뜻이다.

특히 젊은이들은 한 사회 안에서 언제나 기성세대에 도전하고 새로운 사회의 변화를 가장 첨단에서 수용하는 이들이라는 점을 상기해야 한다. 따라서 이들이 교회를 떠난다는 말은 교회가 시대의 변화에 대응하지 못하고 미래 사회를 대비하지 못하고 있다는 의미다. 교회의 본질은 존재하지만 그것은 항상 역사 형태로 나타난다는 한스 큉(Hans Küng)의 말대로, 교회는 과거의 영광에 안주하기보다 새로운 세대에게 설득력을 줄 수 있는 모습으로 갱신되어야 한다. 교회론은 끊임없이 변하는 역사 상황에 대한 응답인 동시에 요구다. 교회론은 교회 자체와 더불어 필연으로 계속되는 변화의 영향을 받고 있으며 따라서 언제나 새로이 시도되어야 한다. 종교개혁자들이 성경을 가지고 모든 것을 시험하고 그 원리를 적용하면서 그 당시의 문제에 답하는 데 전력을 쏟았던 것처럼 이 시대에는 현재의 상황에 맞는 교회론이 필요하다.

이를 위해 교회는 본질을 훼손하지 않으면서도 사회의 변화에 민감하고 시대의 욕구를 충족시켜 줄 수 있어야 한다. 교회 조직은 보다 탄력 있고 자율성을 발휘할 수 있는 형태로 재구조화될 필요가 있다. 교회 구성원은 보다 주체성을 가지고 각자의 전문성에 따라 다양한 영역에서 역량을 발휘할 수 있어야 한다. 그리고 교회 지도자는 교회 구성원들의 다양한 요구를 수렴하여 의사 결정을 하고 교회가 현대 사회에서 적실성을 갖는 사역을 할 수 있도록 리더십을 발휘할 필요가 있다. 오늘날의 상황이 갈수록 불확실성이 높은 사회로 변하고 있다는 점을 고려한다면 이제까지 한국 교회가 고수해 왔던 근대적인 방식의 거창한 사명 선언이나 전략적 기획은 상당 부분 수정될 필요가 있다. 많은 교회 지도자들은 여전히 올바른 방법과 전략만 갖는다면 원하는 미래를 예견할 수도 있고 관리할 수도 있다고 약속하는 근대화 기획에 매료되어 있다. 이들에게 그 미래는 여전히 많은 사람들로 가득 차는 대형 교회들을 의미한다. 그러나 이것은 우리 사회가 변화해 나가는 방향과는 거리가 멀다. 이러한 '위로부터의' 방식보다는 지역에 있는 평범한 사람들의 삶을 통해 그들에게 일어나는 실제적인 변화에 주목하면서 지도자와 구성원이 함께 자기들 나름대로의 대안을 마련해 가는 '아래로부터의' 방식으로 신앙 운동은 변화되어야 한다.

여기서 우스노우가 거주의 영성과 추구의 영성에 대한 대안으로 실천의 영성을 강조한 것에 주목할 필요가 있다. 우스노우에 따르면, 학자들이 미국의 종교에 대해서 말할 때에는 주로 공동체적인 영성과 개인적인 영성의 두 가지 방식으로 표현하지만, 영성은 단순히 공동체적이거나 사적이라고 말할 수 없다. 영성은 다른 개인들과 조직들에 의존하면서도 하나의 공동체에 완전히 매몰되지 않는 개인들에 의해 의도적으로 수행될 때에야 진정으로 의미 있다. 영성이 수행된다는 것은 사람들이 성스러움에 대한 관계를 더 깊게 하는 활동들에 의도적으로 개입하는 것을 의미한다. 종종 사람들은 긴 시간 동안 많은 에너지를 이러한 활동에 바친다. 그리고 많은 경우에 이러한 활동들은 삶을 변화시키고 사람들이 다른 사람들을 섬기는 데 참여하고 그들의 삶을 존귀하게 되도록 이끈다. 이러한 점에서 실천의 영성이 봉사로 이어지는 것은 자연스러운 귀결이다.[69]

앞에서 살펴보았듯이, 우리 사회에서 가톨릭의 성장은 가톨릭이 가진 성스러운 이미지를 소비하는 특성을 나타내고 있다. 우리는 이러한 성스러운 이미지가 누구의 이미지인가 생각해 보아야 한다. 신자들이 스스로 성스럽게 되려 하기보다 성직자나 성당의 성스러움에 만족하며 그것

---

69 이에 대하여는 Robert Wuthnow, *After Heaven: Spirituality in America Since the 1950s* (Berkeley: University of California Press, 1998), 7장을 보라.

을 '소비'한다면 진정한 의미의 신자라기보다는 그저 종교 소비자에 불과하다. 따라서 개신교가 현대인들에게 설득력을 갖기 위해서 잃어버린 성스러움을 회복한다고 할 때, 그것은 단순히 이미지의 성스러움이 아니라 실제 자신의 삶에서 성스러움을 회복해야 한다는 의미다. 이 세상과 엄격히 분리된 좁은 의미의 '수도원식의 영성'이 아니라 로버트 벨라가 말한 것처럼, 종교의 본질인 '초월성'을 견지하면서도 현대 사회에서 적실성을 갖는 실천적인 성스러움의 회복을 의미한다.[70] 이것은 또한 우스노우가 말한 실천의 영성과 다르지 않다.

**교회 공동체의 의미**

글을 맺으면서 다시 한 번 공동체의 의미에 대하여 생각해 보고자 한다. 모든 교회는 스스로 공동체임을 표방하지만 그 공동체의 성격이 무엇이고 그것을 어떻게 이루어 가느냐는 것은 매우 중요하다. 우리는 쉽게 교회를 공동체라고 말하지만, 그것이 어떠한 공동체인지 대하여는 의견이 엇갈린다. 교회 중직자들의 의식 조사에서 교회가 공동체라는 말에 대해서 어떻게 생각하는지 물어본 적이 있다. 모두 "교회는 당연히 공동체다"라고 동의하였다. 그러나 공동체의 구체적인 의미를 묻는 질문에는 분명한 답을 하지 못하는 이들이 많았다. 어떤 이는 가족과 같이 돌봐주는 곳이라고 했고, 어떤 이는 막연하게 사랑이 넘치는 곳이라고 했으며, 어

---

70 이와 관련된 '창조적 긴장'의 개념에 대해서는 로버트 벨라, 『사회변동의 상징구조』(박영신 옮김, 삼영사, 1981), p. 185를 보라.

떤 이는 무슨 일이 생기면 달려가는 곳이라고 했다. 이런 대답들이 틀린 대답이라고 할 수는 없으나 공동체에 대해서 구체적으로 생각하고 논의해 보지 못했기 때문에 막연하게 표현한다.

공동체를 어떻게 정의하든지, 개인을 무시하는 집단을 공동체라고 말할 수는 없다. 앞에서 소개했던 키네먼은 교회를 떠난 많은 미국 청년들이 여전히 신앙을 추구하고 있다고 말하면서 그들이 스스로 질문하고 자신의 생각과 의심까지도 표현할 수 있도록 해야 한다고 말한다. 그리고 기성세대가 이제는 대량생산하듯이 청년 신앙인들을 양산하려는 시도를 그만두고, 이들에 대해 일대일의 관계를 갖고 세심한 관심을 기울여야 한다고 말한다. 결국 기성세대가 이들의 멘토가 되어야 하는 것이다. 이러한 제안은 수십 명의 가나안 성도들의 이야기를 들은 나 역시 하고 싶은 말이다. 여러 인터뷰 사례에서 언급했듯이 이들은 나름의 문제의식을 가지고 있었음에도 무시당하고 관심을 받지 못하였다. 한국 교회는 입으로는 공동체라고 말하면서도 다른 의견을 가진 이들을 진정으로 공동체 일원으로 대하지 않은 채 공동체 의식을 주입하려고만 한 것이다.

이제 단순히 교회가 공동체라고 선언하기보다 어떤 공동체여야 하는지에 대해 논의해야 할 때가 되었다. 똑같이 공동체라고 말하지만 그것을 인식하는 사람들은 서로 다른 것을 떠올릴 때가 많다. 어떤 이는 지도자에 따라 일사분란하게 움직이며 효율성과 성과를 추구하는 상하 서열의 피라미드 조직체를 떠올린다. 어떤 이는 일보다는 사람 중심으로, 성과보다는 과정을 중시하며 서로의 공감대를 형성해 가는 인격적인 관계야말로 공동체의 중요한 차원이라고 생각한다. 공동체를 어떻게 이해하느냐에 따라 지도자의 역할이 달라지고 교회 구성원의 역할도 현격하게 달라진다.

대개 공동체는 말 그대로 '공통의 몸'을 가진 '하나의 지체'라는 뜻으로 말한다. 교회 구성원들을 한 가족으로 표현하듯이 가족과 같은 존재로 여기는 것이다. 실제로 한국 사람들은 가장 이상적인 공동체 모형을 가족이라고 생각한다. 그래서 친근하고 화목한 분위기를 "가족적인 분위기"라고 표현한다. 그러나 이러한 이해는 공동체 개념의 아주 작은 면밖에 보여 주지 못한다. 또한 우리 사회의 가족이 그리 바람직한 모델이라고 보기도 어렵다. 생사고락을 함께하는 공동 운명체로 여겨 가족 동반 자살을 하는 경우도 있으니 말이다. 또한 교회를 신앙 공동체라고 말하기도 하지만, 큰 범주에서 같은 기독교 신앙일 뿐 교단과 교파 또는 진보, 보수 노선을 따라 제각각의 신앙관을 가지고 있는 실정이다.

사회의 흐름 속에 묻힌 오늘날 교회의 모습은 성경에 나타난 초대교회 시대에 기독교인들이 경험하였던 공동체적 요소를 상실하고 있다. 오늘날의 한국 교회는 근대화의 물결을 타고서 폭발적인 성장을 이루었지만 교회의 대형화 추세에 따른 내부 빈곤감도 증폭되고 있다. 한국 교회가 질보다는 교인 수 확장, 건물 확대, 재정 확대와 같은 양적 성장에 치중하는 동안 공동체로서 교회관과 정체성은 점점 희미해졌다. 그러면서 교회의 공동체성 또한 희박해져 왔다. 목적과 수단이 전도되어 교회가 본연의 역할을 다하지 못하면서, 교회 안에 있는 사람들에게조차 권위를 인정받지 못하고 영향력을 행사하지도 못하게 된 것이다.

그렇다면 교회는 어떠한 공동체가 되어야 하는가? 현대의 공동체 이론가들은 공동체를 물리적 차원의 조건과 관계없이 사회 공간에서 이루어지는 인간관계의 망으로 인식한다. 따라서 공동체 개념은 상호 신뢰를 바탕으로 공동의 의식과 공동의 생활양식을 통해 결속감이 증대된 사회 집단으로 이해될 수 있다. 이러한 공동체는 특히 서로에 대한 책임과 의무를 다하는 도덕 공동체를 뜻한다. 우리는 사회학자 뒤르켐의 말을 되새겨볼 필요가 있다. 일찍이 그는, 교회는 성직자들의 집단이 아니라 단일한 믿음을 가지고 모든 믿는 이들에 의하여 구성되는 '도덕 공동체'라고 말했다.[71]

공동체는 단순히 특정 공간에 개인들이 모여 있다는 뜻이 아니라 "사회성으로 서로 의존하고 토론과 의사 결정에 함께 참여하고, 공동체를 정의해 주면서도 그것에 의해 양육되는 특정 '실천'을 함께하는 사람들로 이루어진 집단"을 가리킨다.[72] 이러한 공동체는 어느 순간에 갑자기 형성되는 것이 아니라, 로버트 벨라의 말처럼, 하나의 역사를 가지며 공통의 과거와 과거의 기억들로 한정되는 '기억의 공동체'다.[73] 그 안에서 지난날의 밝고 어두운 이야기와 바람과 두려움의 역사를 잊지 않고 공유하며, 모든 구성원들이 모두 참여하여 서로에게 책임과 의무를 다하는 '도덕 실천의 공동체'가 된다.[74]

이러한 공동체는 그 집단 밖에 있는 사람들에 대하여 문을 닫고 자신들의 이익만을 챙기는 이기주의 공동체가 아니라 서로에 대한 책임과 의

---

71 에밀 뒤르켐, 『종교 생활의 원초적 형태』(노치준·민혜숙 옮김, 민영사, 1992), p. 81.
72 박영신, "역사적 대화: 벨라의 탈사회학적 관심 세계," 『사회학 이론과 현실 인식』(민영사, 1992), p. 408.
73 Robert N. Bellah 외, *Habits of the Heart: Individualism and Commitment in American Life*(Berkeley: University of California Press, 1985), pp. 333-336.
74 박영신, "공동체주의 사회 과학의 새삼스런 목소리," 『현상과인식』, 22권 1/2호(1998년 봄/여름), p. 107.

무를 공동체 밖으로 표출할 수 있는 도덕 공동체다. 프랑스 역사가인 퓌스텔 드 쿨랑주(Fustel de Coulanges)가 『고대 도시』(La Cité antique)에 썼듯이, 고대 도시에서 신은 '도시'의 신이었으나, 기독교의 하나님은 특정 도시 경계 안에 갇혀 있지 않고 그 공간을 초월한다. 이와 같이 기독교 공동체는 특정 집단의 배타성을 초월하여 삶의 양식과 가치를 공유하는 집단이며, 서로에게 책임과 의무를 다하는 도덕 집단이어야 한다.

**건강한 공동체를 꿈꾸며**

여기서 공동체 개념은 두 가지 차원을 포함하고 있다는 점을 생각해야 한다. 하나는 공동체 내부 결속과 관련된 '공동체 의식'의 차원이고, 다른 하나는 도덕과 실천의 공동체로서 '공동체 정신'과 관련된다. 따라서 교회의 공동체성을 생각할 때 우리는 공동체 개념을 두 측면, 곧 안으로의 공동체와 밖으로의 공동체라는 개념으로 나누어서 생각할 필요가 있다. 먼저 안으로의 공동체는 공동체의 통합 측면, 곧 '공동체 의식'을 바탕으로 한 연합과 결속에 대한 것이다. 공동체 의식은 개인들 사이의 직접 교섭을 통한 공동 생활의 원리 습득이라는 뜻에서, 대부분 개인주의화되고 해체된 사회관계를 복원하려는 의도에서 사용된다. 이런 의미에서 공동체 의식은, 공동체 구성원들의 소속감 및 교섭을 통한 결속과 관련된 집합 의식과 함께, 공동체를 유지하고 지속 발전하려는 실천 의식이라고 할 수 있으며 주로 보수적인 교회들이 강조한 공동체의 측면이다.

1970-1980년대의 한국 교회는 산업화와 도시화로 인해 전통의 공동체가 와해된 한국 사회에서 대체 공동체의 역할을 하며 폭발적인 성장

을 이루었다. 그러나 오늘날의 한국 교회는 교회 자체가 대형화, 관료화되면서 공동체성을 상실하고 있다. 교회가 다시금 공동체성을 회복할 수 있다면 구성원들에게 기독교인으로서의 정체성과 교회에 대한 소속감을 강화할 수 있을 것이다. 또한 공동체 환경에서 형성되는 폭넓고 깊이 있는 인간관계를 통해 사회생활에 변화를 일으키는 힘을 갖게 될 것이다.

성직자와 평신도를 엄격히 구분하고 직분에 따른 위계 서열을 중시하는 현재 한국 교회의 피라미드 구조로는 이런 변화를 일으킬 수 없다. 모든 공동체 구성원이 주인 의식을 갖고 참여하는 민주적이고 평등한 구조를 추구해야 한다. 앞장에서도 말한 바와 같이, 한국 교회는 중앙 집권식 통제 구조에서 다양한 소그룹에 자율성을 부여하는 지방 분권식 위임으로의 전환이 필요하다. 종교개혁의 전통을 따른다면 단순히 상명하복, 상명하달식의 권위주의 방식이 아니라, 아래로부터의 리더십이 발휘될 수 있는 구조를 마련해야 한다. 이것이 개신교 정신에 걸맞은 의사 결정 구조일 것이다.

다음으로, 밖으로의 공동체는 교회의 도덕적인 공동체성이 교회 밖으로 나가서 사회 안에 구현될 수 있는 '공동체 정신'을 나타낸다. 성경에 입각한 공동체는 구성원들에게만 효과를 미치는 데 그치는 것이 아니라, 헌신되고 절제된 삶의 응집을 통해서 공동체 밖의 사람들에게도 나누고 베풀 수 있어야 한다. 이러한 공동체 정신은 주로 진보 진영의 교회들이 강조해 온 개념이다. 실제로 공동체라는 단어는 1980년대까지만 해도 보수 교회에서는 거의 사용하지 않았고, 민중 교회를 중심으로 한 진보 교회에서 주로 사용하였다.

교회가 공동체를 추구한다고 할 때 이러한 공동체의 삶은, 타인을 위한 여력을 가질 수 있는 삶이며 이웃과 함께하는 삶이다. 이러한 공동체주의 정신은 개인주의와 대비되는 개념으로 볼 수 있으나, 공동체주의에서 반대하는 개인주의는 이기적 개인주의일 뿐 개인의 인격이나 권리를 부정하는 것은 아니라는 점에 유의할 필요가 있다. 또한 공동체주의는 집단주의 또는 전체주의와도 구별되어야 한다. 공동체주의는 개인이 집단에 매몰되어 개인의 권리보다 공동체의 권리를 우선시하는 집단주의 공동체를 지향하는 것이 아니다. 오히려 개인의 권리를 존중하면서도 다른 사람을 배려하고 전체 공동체의 선을 추구하는 입장이기 때문이다.

요즘 영성에 대해서 말들을 많이 하지만, 영성은 개인 수준에서 머무는 것이 아니라 공동체와 사회 수준에서 발현되어야 한다. 특히 현대 사회에서는 다원주의와 상대주의 때문에 오히려 개인이 고립되고 소외되어 사사화된 신앙이 조장되어 왔다. 그러나 이러한 종교성은 그 내부 속성상 공동체적 삶을 부정하기 때문에 재생산 자체가 불가능하다. 설령 그들만의 공동체가 존재한다 하더라도 확장되고 다원화된 현대 사회에서 어떠한 기여도 할 수 없을 것이다. 많은 보수 교회들이 스스로의 공동체를 이루는 데는 어느 정도 성과를 거두었지만, 이것을 높이 평가하기 어려운 이유다.

사회에 반하는 사사로운 경건은 성경의 정신과 전혀 부합하지 않는다. 성숙한 기독교인의 관심은 마땅히 공공으로 확장되고 공동체의 삶은 다른 사람들을 위한 삶이 되어야 한다. 따라서 교회 공동체 안에서 훈련된 기독교인이라면 교회 밖에서도 일반인들과는 다른 도덕성, 곧 더 엄격한 도덕 기준에 따라 일반인들의 삶의 양식과는 구별된 삶을 살아야 한다. 그리고 삶의 지평을 넓혀 사회 변화의 주체가 되어야 한다. 성숙한 공동체는 자신이 속한 더 큰 사회를 변혁할 수 있는 영향력을 발휘해야 한다.

이런 점에서 교회는 안으로의 공동체성과 밖으로의 공동체성 사이에 균형을 이루어야 한다. 두 바퀴가 잘 굴러가기 위해서는 원심력과 구심력 사이에 적절한 균형이 필요하다. 교회 역시 마찬가지다. 교회가 바람직한 공동체를 이루기 위해서는 공동체성이 안팎으로 균형을 이루어야 한다. '안으로의 여정'과 '밖으로의 여정'이라는 양 측면을 통해 바람직한 공동체를 이루고 있다고 평가되는 미국 세이비어 교회가 좋은 보기다. 교회가 이러한 공동체성을 확보할 수 있어야만 내부 구성원들에게 의미 있는 신앙 공동체가 될 수 있다. 또한 현대 사회에 기여할 수 있는 올바른 시민을 길러내는 종교 조직이 될 수 있다. 이러한 과정을 통해서 교회는 공공성을 회복하게 될 것이고, 교회에 대한 사회의 공신력도 높아질 것이다.

공동체는 하늘에서 뚝 떨어지는 것이 아니라 구성원 모두의 노력으로 함께 만들어 가는 것이다. 집단의 생각을 개인에게 강요하는 것이 아니라 개인들의 생각을 꺼내 놓고 서로 맞추고 조정하며 공동체 의식을 형성해 가는 것이다. 이러한 과정은 공동체를 약하게 만드는 것이 아니라 더 튼튼하게 만들 것이다. 이러한 공동체는 자기들끼리만의 배타적인 공동체가 아니라 삶의 영역에서 성스러움을 함께 실천하는 실천적인 공동체가 되어야 한다. 한국 교회가 다양한 생각을 가진 개인들을 존중하고 포용하며 사회와도 소통할 수 있는 공동체성을 회복함으로써, 탈현대 시대에도 종교적 의미를 탐지할 수 있는 진정한 공동체로 거듭나기를 소망한다. 그럴 때에 가나안 성도들이 교회라는 틀 안에서도 의미 있는 신앙생활을 영위할 수 있을 것이다.

부록 1
## 설문 조사 문항

※ 아래 질문에 대하여 해당하는 번호에 ∨표를 해 주십시오.

**SQ1.** 귀하의 현재 종교는 무엇입니까?
  ① 개신교 → 면접 계속 (나머지는 면접 중단)
  ② 가톨릭        ③ 불교
  ④ 기타          ⑤ 없다

**SQ2.** 귀하는 현재 교회를 다니고 있습니까?
  ① 예 → 면접 중단    ② 아니오

**SQ3.** 현재 교회에 다니지 않는다면 과거에 교회를 다닌 적이 있습니까?
  ① 1년 이상 다닌 적 있다
  ② 1년 미만 다닌 적 있다 → 면접 중단
  ③ 다닌 적 없다 → 면접 중단

**SQ4.** 다음의 문장을 귀하는 어떻게 생각하십니까?
  "나는 기독교인으로서 분명한 정체성을 갖고 있었다."
  ① 예            ② 아니오 → 면접 중단

1. 귀하의 성별은 무엇입니까?
   ① 남            ② 여

2. 귀하의 나이는 만으로 어떻게 됩니까?
   ① 19세 이하    ② 20대       ③ 30대
   ④ 40대         ⑤ 50대       ⑥ 60대 이상

3. 교회를 다닌 기간은 얼마나 됩니까?
   약 (    )년 (    )개월

4. 교회를 처음 출석한 시기는 언제입니까?
   ① 초등학교 이전    ② 초등학교 때    ③ 중학교 때
   ④ 고등학교 때    ⑤ 고등학교 졸업 후 20대
   ⑥ 30대    ⑦ 40대    ⑧ 50대 이후

5. 교회를 다니는 동안 교회 활동에 어느 정도 참여했습니까?
   ① 매우 적극적으로 참여했다    ② 어느 정도 참여했다
   ③ 별로 참여하지 않았다    ④ 최소한으로 참여했다

6. 교회를 떠나기 전에 구원의 확신이 있었습니까?
   ① 분명히 있었다    ② 뚜렷하지 않다    ③ 없었다

6-1. 위 문항에서 ①을 선택한 분만 대답해 주십시오.
   구원의 확신을 가진 시기는 언제입니까?
   ① 초등학교 이전    ② 초등학교 때    ③ 중학교 때
   ④ 고등학교 때    ⑤ 고등학교 졸업 후 20대
   ⑥ 30대    ⑦ 40대    ⑧ 50대 이후

7. 교회를 떠난 시기는 언제입니까?
   ① 고등학교 이전    ② 고등학교 졸업 후    ③ 30대
   ④ 40대    ⑤ 50대 이후

8. 현재 교회를 떠난 지 얼마나 되었습니까?
   약 (    )년 (    )개월

9. 교회를 떠난 가장 큰 이유는 무엇입니까? 하나만 골라 주십시오.
   ① 신앙에 대한 회의    ② 목회자에 대한 불만
   ③ 교인들에 대한 불만    ④ 자유로운 신앙생활을 원해서
   ⑤ 기타:

10. 교회를 떠나기로 결심했을 때 다니던 교회는 다음 중 어느 항목에 해당됩니까?
    모두 골라 주십시오.
    ① 교회 내부에 분란/갈등이 심했다
    ② 담임 목회자가 매우 권위적이고 독단적이었다
    ③ 교회에서 헌금을 지나치게 강조하였다
    ④ 성전/교회당 건축과 관련하여 큰 어려움이 있었다
    ⑤ 교회 내 파벌 다툼이 심하였다
    ⑥ 교인들의 삶이 매우 신앙인답지 못했다
    ⑦ 교회에는 문제가 없었고 개인 사정으로 교회를 떠났다

11. 교회를 떠나기로 결심했을 때 다니던 교회의 출석 교인 수는 얼마나 됩니까?
    주일 대예배 출석 기준으로 대답해 주십시오(장년 기준).
    ① 49명 이하        ② 50-99명         ③ 100-199명
    ④ 200-299명       ⑤ 300-399명       ⑥ 400-499명
    ⑦ 500-999명       ⑧ 1000명 이상

12. 교회를 떠나기로 결심했을 때 다니던 교회는 어느 교단에 속해 있었습니까?
    ① 예수교 장로회 합동측
    ② 예수교 장로회 통합측
    ③ 예수교 장로회 기타 교단
    ④ 한국 기독교 장로회
    ⑤ 기독교 대한감리회(감리교)
    ⑥ 기독교 성결교
    ⑦ 예수교 성결교
    ⑧ 기독교 침례회
    ⑨ 하나님의 성회/순복음
    ⑩ 독립 교단
    ⑪ 기타:
    ⑫ 모름

13. 교회를 떠나기로 결심했을 때 다니던 교회는 어느 지역에 있었습니까?
    ① 대도시          ② 중소 도시        ③ 지방 읍면

14. 귀하는 교회를 떠나는 문제로 얼마 동안 고민하였습니까?
    ① 한 달 이내         ② 2-3개월           ③ 4-5개월
    ④ 6개월 이상         ⑤ 별로 고민하지 않았다

15. 교회를 떠나는 문제로 고민하고 있었을 때 누구와 상담을 하였습니까?
    모두 골라 주십시오.
    ① 담임 목회자        ② 부교역자          ③ 교우
    ④ 가족               ⑤ 교회 밖 지인       ⑥ 없었다

16. 교회를 떠나기 전에 교회를 옮긴 경험이 있습니까?
    ① 한 번 옮겼다                          ② 두세 번 옮겼다
    ③ 여러 교회를 옮겨 다녔다                ④ 옮긴 적이 없다

17. 현재 귀하는 다음 항목 중 어느 것에 해당됩니까?
    ① 기독교에만 구원이 있다고 믿는 기독교인이다
    ② 기독교인이지만 다른 종교에도 구원이 있을 수 있다고 생각한다
    ③ 하나님의 존재를 인정하지만 기독교인은 아니다
    ④ 하나님의 존재를 인정하지 않으며 기독교인도 아니다

18. 현재 귀하는 어떤 상태입니까?
    ① 가능한 한 빨리 다시 교회에 나가고 싶다
    ② 당장은 아니지만 언젠가 다시 교회에 나가고 싶다
    ③ 교회에 다시 나가고 싶지는 않지만 교회를 나가지 않는 것이 불편/불안하다
    ④ 교회를 다시 나가고 싶지도 않고 그것 때문에 마음이 불편하지도 않다

18-1. 위 문항에서 ①이나 ②를 선택한 분만 대답해 주십시오.
    어떤 교회에 나가고 싶은지 써 주십시오.

19. 교회에는 출석하지 않지만 다른 신앙 모임에 참석하고 있습니까?
   ① 그렇다          ② 그렇지 않다

19-1. 위 문항에서 ①을 선택한 분만 대답해 주십시오.
   어떤 모임에 참석하고 있습니까?
   ① 직장 신우회
   ② 선교 단체
   ③ 격식 없는 신앙 모임
   ④ 목회자가 인도하는 신앙 모임
   ⑤ 일반 교회는 아니지만 일요일에 모이는 신앙 모임
   ⑥ 기타:

20. 우리 사회에서 종교에 대한 중요성이 어떻다고 생각하십니까?
   ① 매우 중요하다
   ② 어느 정도 중요하다
   ③ 별로 중요하지 않다
   ④ 전혀 중요하지 않다

21. 귀하 자신에게는 종교에 대한 중요성이 어떻다고 생각하십니까?
   ① 매우 중요하다
   ② 어느 정도 중요하다
   ③ 별로 중요하지 않다
   ④ 전혀 중요하지 않다

22. 우리 사회에서 종교의 영향력이 어떻다고 생각하십니까?
   ① 매우 크다          ② 어느 정도 크다
   ③ 별로 크지 않다     ④ 전혀 크지 않다

23. 우리 사회에서 기독교의 영향력이 어떻다고 생각하십니까?
   ① 매우 크다          ② 어느 정도 크다
   ③ 별로 크지 않다     ④ 전혀 크지 않다

24. 다음 사항에 대하여 어떻게 생각하는지 오른쪽 번호에 ○해 주십시오.

|  |  | 매우 그렇다 | 조금 그렇다 | 그저 그렇다 | 별로 그렇지 않다 | 전혀 그렇지 않다 |
|---|---|---|---|---|---|---|
| (1) | 신앙은 순전히 개인적인 것이라고 생각한다 | 5 | 4 | 3 | 2 | 1 |
| (2) | 성경에 대하여 나 나름대로의 관점을 가지고 있다 | 5 | 4 | 3 | 2 | 1 |
| (3) | 목회자의 말에 무조건 따르는 것은 바람직하지 않다고 생각한다 | 5 | 4 | 3 | 2 | 1 |
| (4) | 교회 안에서도 다양한 견해가 있을 수 있다고 생각한다 | 5 | 4 | 3 | 2 | 1 |
| (5) | 교회에 다녔을 때 신앙을 강요받는다는 느낌을 받았다 | 5 | 4 | 3 | 2 | 1 |
| (6) | 설교 말씀에 대해서 다른 견해를 가질 수 있다고 생각한다 | 5 | 4 | 3 | 2 | 1 |
| (7) | 교회 안에서도 민주적인 의사 결정을 해야 한다고 생각한다 | 5 | 4 | 3 | 2 | 1 |
| (8) | 통성 기도 시간에 불편함을 느꼈다 | 5 | 4 | 3 | 2 | 1 |
| (9) | 교회에서 구원의 확신을 확인하는 것이 매우 부담스럽다 | 5 | 4 | 3 | 2 | 1 |
| (10) | 신앙은 반드시 일상생활 속에서 실천되어야 한다고 생각한다 | 5 | 4 | 3 | 2 | 1 |
| (11) | 교회 안에서 의사소통이 원활하지 않다고 생각한다 | 5 | 4 | 3 | 2 | 1 |
| (12) | 한국 교회의 모습이 별로 공동체적이지 않다고 생각한다 | 5 | 4 | 3 | 2 | 1 |

※ 통계 처리를 위한 질문입니다. 다음 사항에 대하여 답해 주십시오.

25. 귀하의 학력은 무엇입니까?
　① 중졸 이하　　② 고졸
　③ 대졸　　　　 ④ 대학원졸 이상

26. 귀하의 직업은 무엇입니까?

　___ ① 의회 의원, 고위 임직원 및 관리자　　___ ② 전문가(법조계, 의료계 등)
　___ ③ 기술공 및 준전문가　　___ ④ 교육/연구직
　___ ⑤ 문화 예술 기획/경영인　　___ ⑥ 사무직 종사자
　___ ⑦ 판매/서비스직 종사자　　___ ⑧ 문화 예술직 종사자
　___ ⑨ 농업, 임업 및 어업 숙련 종사자　　___ ⑩ 자영업
　___ ⑪ 일반 작업직　　___ ⑫ 단순 노무 종사자
　___ ⑬ NGO/시민 단체 종사자　　___ ⑭ 무직
　___ 전업주부　　___ 기타(　　　　　　)
　___ 학생

27. 교회에 다녔을 때 직분이 무엇이었습니까?
    ① 교역자　　　② 장로　　　③ 권사
    ④ 안수 집사　　⑤ 서리 집사
    ⑥ 기타 :
    ⑦ 직분 없었음

28. 현재 귀하가 살고 계신 지역은 어디입니까?
    ① 서울　　　　② 경기도　　　③ 강원도
    ④ 충청남도　　⑤ 충청북도　　⑥ 전라남도
    ⑦ 전라북도　　⑧ 경상남도　　⑨ 경상북도
    ⑩ 제주도


끝까지 성심껏 답해 주셔서 감사드립니다.

## 부록 2
## 심층 면접 문항

- 면접 일시: _____
- 성별: _____  • 나이: _____
- 가족 관계: _____
- 형제 관계: _____
- 신앙 연수: _____

- 장소: _____
- 이름: _____
- 자녀 나이: _____
- 직업: _____
- 세례 여부: _____

1. 기독교 신앙이 무엇이라고 생각합니까?


2. 진정한 기독교인이란 어떤 사람이라고 생각합니까?


3. 교회는 어떤 곳이라고 생각합니까?


4. (기성)교회를 떠나게 된 것은 언제이고, 어떤 계기나 동기가 있었는지 말씀해 주십시오.


5. 귀하에게 (기성)교회는 어떤 곳이었습니까? 어떤 문제가 있다고 생각합니까?

6.  (기성)교회에 나가지 않으면서 좋았던 점이 있었다면 무엇인지 말씀해 주십시오.

   ---

※ 현재 가나안 성도의 모임이나 교회에 참여하는 경우

7.  현재 참여하고 있는 모임이나 교회에 대하여 이야기해 주십시오.

   ---

8.  현재 참여하고 있는 모임이나 교회의 좋은(만족스러운) 점은 무엇입니까?

   ---

※ 현재 교회에 나가지 않는 경우

7.  교회에 나가지 않는 것이 기독교인으로서의 삶을 사는 것에 문제가 된다고 생각하지 않습니까? (결혼한 경우, 배우자나 자녀는 어떻게 신앙생활을 하고 있습니까?)

   ---

8.  만약 교회에 나간다면 어떤 교회에 나가고 싶습니까?

   ---

9.  신앙과 관련하여 앞으로 계획이 있다면 말씀해 주십시오.

   ---

## 교회 안 나가는 그리스도인

초판 발행 2015년 10월 14일
초판 3쇄 2025년 4월 15일

지은이 정재영
펴낸이 정모세

편집 이성민 이혜영 심혜인 설요한 박예찬
디자인 한현아 서린나 | 마케팅 오인표 | 영업·제작 정성운 이은주 조수영
경영지원 이혜선 이은희 | 물류 박세율 정용탁 김대훈

펴낸곳 한국기독학생회출판부 | 등록번호 제2001-000198호(1978.6.1)
주소 04031 서울시 마포구 동교로 156-10
대표 전화 (02) 337-2257 | 팩스 (02) 337-2258
영업 전화 (02) 338-2282 | 팩스 080-915-1515
홈페이지 http://www.ivp.co.kr | 이메일 ivp@ivp.co.kr
ISBN 978-89-328-1422-3

ⓒ 정재영 2015

책값은 뒤표지에 있습니다.
무단 전재와 복제를 금합니다.